BREVE HISTORIA DE
FIDEL CASTRO

BREVE HISTORIA DE FIDEL CASTRO

Juan Carlos Rivera Quintana

nowtilus

Colección: Breve Historia
www.brevehistoria.com

Título: Breve Historia de Fidel Castro
Autor: © Juan Carlos Rivera Quintana

Copyright de la presente edición: © 2009 Ediciones Nowtilus, S.L.
Doña Juana I de Castilla 44, 3º C, 28027 Madrid
www.nowtilus.com

Editor: Santos Rodríguez
Coordinador editorial: José Luis Torres Vitolas

Diseño y realización de cubiertas: Universo Cultura y Ocio
Diseño del interior de la colección: JLTV
Maquetación: Claudia R.

Reservados todos los derechos. El contenido de esta obra está prote-
gido por la Ley, que establece pena de prisión y/o multas, además
de las correspondientes indemnizaciones por daños y perjuicios,
para quienes reprodujeren, plagiaren, distribuyeren o comunicaren
públicamente, en todo o en parte, una obra literaria, artística o científica, o su transformación, interpretación o ejecución artística fijada
en cualquier tipo de soporte o comunicada a través de cualquier
medio, sin la preceptiva autorización.

ISBN-13: 978-84-9763-762-6
Fecha de edición: Octubre 2009

Printed in Spain
Imprime: Estugraf Impresores
Depósito legal: M-37507-2009

...adonde se vive entre paredones y cerrojos
también es el exilio. Y así,
con anillo de diamantes
o martillo en la mano,
todos los de acá
somos exiliados.
Todos.
Los que se fueron
y los que se quedaron.

Rafael Alcides, *Carta a Rubén*
(su hijo exiliado).

ÍNDICE

Prólogo

En la isla, desde que tengo uso de razón he vivido rodeado-acompañado-invadido por una figura omnipresente en mi vida, casi con el don de la ubicuidad, una personalidad mesiánica, avasalladora, carismática, testicular, voluntariosa, convulsiva, taimada y castradora, que sabe de todos los temas y al que hay que consultarle para todo inexcusablemente. Y les confieso que no hablo de mi padre, aunque casi lo era, pero no por obra de la consanguinidad. Hablo de Fidel Alejandro Castro Ruz, ese hombre vestido con traje militar de fajina, color verde olivo, con charreteras sobre sus hombros, de rombo rojinegro y rama de olivo de Comandante en Jefe, casi 1,90 metros de estatura, mirada de águila desconfiada, ojos pequeños y escrutadores, barba icónica —ahora rala y casi blanca— nariz isleña, con un esqueleto óseo ancho e imponente y alrededor de unos 80 kilos, en sus mejores tiempos, quien ocupó durante casi 50 años (para ser más exacto: 49 años y 49 días) el poder en mi país: la República de Cuba.

Crecí rodeado de sus ideas; su prédica; los cuadros con su efigie, disfrazada de guerrillero heroico; su verba aplastante y encendido de consignas revolucionarias; sus diatribas y enconos; sus utopías-proyectos; sus materiales "programáticos", que luego eran discutidos en los círculos políticos de estudio y te daban puntaje a la hora de la evaluación escolar integral. De niño aún recuerdo las horas y horas de discursos en mítines y reuniones, que eran televisados por los únicos dos canales que teníamos y con varias retransmisiones. Muchas veces se le ocurría hablar a la tarde, cuando llegaba la hora de mis dibujos animados y admito que solo en esas oportunidades me permitía odiarle y deseaba que, al menos, se cortara la transmisión televisiva por un desperfecto técnico, pero nunca sucedía. Después se me pasaba porque Fidel —"El Caballo", como se le conoce en Cuba— era el que trabajaba a deshoras, el que luchaba contra el imperialismo yanqui, el que trazaba la línea política de mi país. Era Fidel el "benefactor" de todos los cubanos, el que decía lo que había que hacer; era el médico de familia, el vanguardia, el trabajador azucarero destacado, el político que nunca se equivoca, el estratega económico, el científico preeminente, el editor "perfecto", el censor acucioso... Sin duda, lo era todo. Estaba en todos los lugares y lo abarcaba todo panópticamente... era el ojo que todo lo ve. Para más acoso, antes se ponían unos cartelitos en las entradas de las puertas de las viviendas cubanas que rezaban: "Esta es tu casa, Fidel", o sea que ni viviendas teníamos, todo le pertenecía, por mandato divino y político al Comandante.

La primera vez que le vi personalmente yo estaba haciendo una guardia a la entrada de mi escuela secundaria, la Vocacional "Vladimir Ilich Lenin", ubicada en el municipio capitalino de Arroyo Naranjo. Dicha institución con 4.500 alumnos, bajo régimen de internado y con disciplina militar, era otro proyecto, un sueño del Comandante, donde se formarían los nuevos cuadros políticos, los científicos, los artistas, los intelectuales, los ingenieros cubanos... Así se enunciaba entonces. No podía ser de otro modo en Cuba, donde todo lo pensaba y diseñaba él.

La institución estaba, en ese momento, en plena fase de terminación (había comenzado su proyecto y construcción en 1972, bajo la dirección del famoso arquitecto Andrés Garrudo), pero ya albergaba e instruía a los estudiantes de secundaria y preuniversitario. Faltaban pocos días para su inauguración y aquella mole de dormitorios, pabellones de clases, laboratorios de idiomas, anfiteatros, museos, comedores, centros de cálculos, bibliotecas, pistas de atletismo, huertos, áreas verdes, piscinas olímpicas, tanque de clavados y hasta un hospital y todo lo inimaginable ya tenía una dimensión imponente, abigarrada y descomunal, a un costado de la carretera, justo en el kilómetro 23 del centro de la ciudad habanera.

Recuerdo que era fin de semana y yo tenía puesto mi uniforme de caqui oscuro, de las labores agrícolas, y traía un palo de escoba en la mano. Era mediodía y el sol calcinaba demencialmente: 32 grados a la sombra. Yo rezongaba y maldecía de aquella guardia que me impediría ir ese sábado a mi casa para degustar los frijoles negros y las comidas de mi madre. Justo cuando estaba con esos pensamientos, vi por una esquina de la garita principal donde me encontraba un *jeep* militar seguido de dos o tres autos más. Los vi entrar a toda carrera por la puerta y levantar una nube de tierra colorada y polvo amarillo. Me pegué un susto tremendo y solo atiné a levantar el palo, cuando el auto militar paró en seco dando un patinazo ridículo. De la ventanilla del auto, una cara barbuda que conocía muy bien, con gorra guerrillera me gritó, con un dejo de ironía:

—¿Y solo con ese palo pretendes defender la Revolución?

Era Fidel.

Yo solo atiné a reírme con nerviosismo y me mantuve mudo por la sorpresa, sin emitir palabra alguna por unos instantes y luego le contesté:

—Se hace lo que se puede... Si no hay pan se come casabe, como dicen los guajiros de Oriente.

Él lanzó una carcajada estruendosa y me dijo que iba a recorrer la escuela para ver cómo estaba quedando y si estaría terminada para la inauguración, que si lo autorizaba a entrar. Entonces, me cuadré militarmente, con el palo de escoba como fusil sobre el hombro y le hice un saludo militar, en señal de aprobación. El *jeep* voló como un zeppelin hasta perderse de vista. Para ser mi primer encuentro con el caudillo tropical no estuvo nada mal. Después, a lo largo de mi vida —y ya como periodista profesional— me acostumbraría a verle con sistematicidad. Hasta me atrevería, en mi época de reportero de la *Revista Bohemia*, la decana de la prensa nacional, a salir justo en medio de sus discursos, pues ya sabía hasta el hartazgo qué diría y cuáles eran las cifras de las que echaría mano para hablar de

Felipe González y Fidel
dan tres vueltas a la ceiba
en el Templete, en
La Habana, y piden
un deseo. Junto a ellos,
el autor del libro.

las bondades de la medicina, de los proyectos educativos, del desarrollo económico y de los "progresos" de la Revolución.

Días después, el 31 de enero de 1974, se inauguró la Escuela Vocacional Vladimir Ilich Lenin. Ese día fue mi segundo encuentro con el Comandante. Yo había sido designado para estar en el momento del recorrido de las autoridades políticas por la institución docente a un aula de artes plásticas, donde se estaría desarrollando una clase práctica de pintura. Fidel entró acompañado por una numerosa delegación extranjera, el cuerpo diplomático acreditado en la isla y por si fuera poco por el mentor, guía espiritual y padrino del alumnado: Leonid Ilich Brezhnev (1906-1982), secretario general del Partido Comunista (PCUS), de la entonces Unión de Repúblicas Socialistas Soviéticas (URSS). La escuela había costado una fortuna y sería el rostro visible para el exterior del interés del proyecto gubernamental por la educación, entonces había que mostrarla. Fidel persistentemente manejó, a cada momento y con la oportunidad adecuada, el marketing político, en eso siempre fue un verdadero experto. Por ello habíamos recibido de la URSS todo el mobiliario escolar, los útiles de laboratorios de física, química y biología, los equipos de audio de las cabinas de las aulas de lenguas extranjeras, los instrumentos agrícolas para el huerto escolar, que serviría para implementar el famoso método, que él denominó martiano, de combinar el estudio con el trabajo, pues solo de esa manera se llegaría a formar el verdadero comunista insular. Pobre José Martí (1853-1895), lo convirtieron en el autor intelectual, en el artífice de cuántos inventos o engendros surgieron en el camino; debe estar todavía disgustado en el paraíso o donde quiera que esté de tanto protagonismo y culpas malsanas.

Cierro los ojos y me parece volver a verle, en ese momento, con el rostro luminoso, casi insolente de alegría mostrar cada detalle de aquella institución, que formaría al "hombre nuevo" comunista. Nunca olvidaré a Brezhnev, que ya parecía una momia embalsamada, con aquel traje azul, lleno de condecoraciones de guerras y glorias pasadas, de medallas hasta en las mangas, cuyo peso casi le impedía moverse. Con aquel ambo de tela gruesa en medio de un trópico abrasador no me podía imaginar lo incómodo que se sentiría. El pobre anciano sonreía con cada palabra que el traductor ruso le prodigaba mostrándose interesado en todo, aunque en la práctica se estaba asando, literalmente, de calor como cerdo en púa, en fiesta de fin de año cubana.

En la clase de artes plásticas se nos había dado como ejercicio pintar una naturaleza muerta y el instructor había puesto, encima de una mesa, en el centro del aula frutas: piñas, un mamey, plátanos maduros y una manzana de cera, porque en nuestro país una manzana de verdad siempre fue un espejismo. Con ello se había armado una composición modélica para dibujar. Cuando ellos llegaron, estábamos diseminados por todo el amplio laboratorio, inmersos en nuestra tarea, algunos con más talento que otros, pues esa clase formaba parte de la cursada de estudios de la nueva escuela para formar a hombres y mujeres sensibles en la apreciación del arte, según decían los estatutos programáticos de la institución, con pretensiones vocacionales. Pero no era más que una puesta en escena para los visitantes, pues era la primera clase que recibíamos y nuestros caba-lletes, potes de pintura, pinceles, sillas y hasta las cartulinas, de papel importado, que envidiaría cualquier pintor profesional de la isla, habían sido traídos a las corridas el día anterior para armar aquel retablo "plástico".

Fidel explicaba, entonces, las propuestas educativas de la escuela y la posibilidad que ella brindaba de ir contribuyendo con la orientación profesional de los alumnos; de ahí que funciona-rían talleres de teatro, danza, música, agrupacio-nes corales, etc. Al mirar los trabajos de algunos de mis compañeros los elogiaba con frases muy alentadoras; a otros les corregía alguna línea con "delicadeza" militar o le daba una recomenda-ción, pues también hasta de arte pictórico sabía. Cuando llegó a mi caballete y miró de reojo lo que estaba pintando me comentó, medio en sorna, medio en son recriminatorio:

—Pero eso es una interpretación libérrima de las frutas. En mi vida nunca vi —y vengo del campo— plátanos azules, ni manzanas grises, tampoco una piña con penachos tan grandes de color morado.

Solo acerté a mirarle fijamente a los ojos.

—El profesor habló de un ejercicio libre y yo me tomé muy en serio la consigna; quizás se me fue la mano con la creatividad.

Le contesté a modo de disculpas, intentando restarle tenor a lo que no era más que mi primer disenso, ya a los 14 años, con el Comandante en Jefe... posteriormente llegarían muchos más desacuerdos y muchas más desilusiones. Ese día advertí, a pesar de mi adolescencia, que para Fidel los conceptos de libertad y creatividad estaban ya bastante acotados y torcidos.

Después vendrían otros encuentros-desencuentros, otras anécdotas, que iré contando en la medida en que vayamos llegando a los hechos y recorramos juntos este derrotero sobre la vida, los aciertos y equívocos de Fidel Alejandro Castro Ruz (¿Fidel Casiano, Fidel Hipólito?, según las partidas de nacimiento y las distintas inscripciones), que pretende reconstruir, sin mitificaciones, la verdadera historia de uno de los líderes latinoamericanos y mundiales más discutidos y apasionantes del siglo XX, su espíritu casi camaleónico para atemperarse a las coyunturas históricas y la impronta que dejará, a su muerte, en las nuevas generaciones de la isla.

La obra intenta repasar el recorrido de la Revolución Cubana (1 de enero de 1959) y su proceso histórico dado a través de la figura tropical de su artífice, estratega y caudillo, revelando al hombre que hay detrás de ese mito, convertido en una de las figuras icónicas de todo un siglo. La evaluación está dada con la mirada de un cubano, nacido en 1960, que estuvo muy comprometido con el proceso revolucionario y hoy vive autoexiliado en Buenos Aires (Argentina), descree de la política como profesión vitalicia, de los gobiernos atornillados a las sillas del poder y excesivamente personalistas y autoritarios.

La Revolución Cubana fue un proceso de insurrección nacional, un movimiento social, políticamente heterogéneo, que surgió como una reacción necesaria contra el gobierno de facto, de seis años y medio, de Fulgencio Batista y Zaldívar (1901-1973), conducido por ese "soldado de las ideas", (como se autodefine), Fidel Castro Ruz, y otro grupo de jóvenes rebeldes, en su mayoría procedentes de las filas de la clase media, los trabajadores y los universitarios cubanos, que se envolvió en un aura libertaria y optó por la vía violenta para poner fin al régimen, instaurado tras el golpe del 10 de marzo de 1952, en momentos en que muchos isleños luchaban por restaurar los principios de la Constitución de 1940 y eran asesinados por la policía batistiana, entre l957 y 1958.

Fidel Castro Ruz, llegó al poder con un doble perfil identitario: nacionalista y populista, ceñido a un discurso de restauración democrática y fue trocando su proyecto hasta instaurar un castrismo, que pasará a la historia como un "cesarismo de base comunista", según la acertada definición del historiador español Antonio Elorza. El triunfo de su proyecto unipersonal y su conducción estratégica tuvo una gran repercusión y adquirió legitimidad, sobre todo entre los representantes de la izquierda de América latina y los sectores académicos intelectuales europeos del Primer Mundo, en la década del 60'. Fidel Castro protagonizó además algunos jalones importantes de la historia latinoamericana como los sucesos de Bahía de Cochinos en 1961, que pasaron a la posteridad como la "primera gran derrota del imperialismo yanqui, en América"; la Crisis de los Mísiles en 1962, la ayuda financiera y entrenamiento militar en suelo cubano de muchos integrantes de los movimientos guerrilleros centroamericanos; la alianza del Gobierno revolucionario con la Unión Soviética y el proceso de sovietización de la sociedad cubana, de los 70' y 80' o la desovietización de los 90', hasta llegar al colapso económico, la incompetencia burocrática, la corrupción a gran escala, el racionamiento, la esclerosis asfixiante de la vida cotidiana y la pervivencia de un régimen no democrático en la isla, que restringe libertades tan caras para los seres humanos, como el derecho a entrar y salir del país y a expresarse libremente.

Como ha dicho, recientemente, el ensayista cubano Rafael Rojas, "la historia de la revolución cubana es, en alguna medida, la historia del cuerpo de Fidel Castro". Y convengamos que, en la actualidad, ese cuerpo hemorrágico y desgastado, debido a un crecimiento fulminante de células enfermas y tripas debilitadas, no logra regenerarse, como tampoco consigue la isla salir del precario estado de salud económica y social en la que ha quedado sumida después del retiro formal del anciano mandatario.

Esta obra será pues un itinerario por los avatares existenciales de ese patriarca caribeño, conocido llanamente por el nombre de Fidel: de rebelde con causa, a gestor y artífice de un proyecto que ilusionó a toda una generación y hoy suscita todo tipo de sentimientos, menos la indiferencia; todo tipo de adhesiones; muchos rechazos y, sobre todo, la diáspora imparable de sus propios protagonistas, en una cifra de más de dos millones de ciudadanos. Sin titubeos, esta no será una biografía autorizada, ni mucho menos oficial y apologética; tampoco el periplo acre, corrosivo, ciego y amargo por una vida, responsable —en mucho todavía— de las felicidades y desgracias del pueblo cubano, que actualmente está a la espera de la muerte de su caudillo con la esperanza de que venga un cambio fundacional que les devuelva las ilusiones y el tiempo perdidos.

1

Nacer en Birán

Nadie parece partir ni retornar porque tal vez es
más sencillo desearlo; los batientes anuncios de
tormenta son escuchados apenas, y quienes miran
al mar siguen masticando con la misma lentitud.

Emilio García Montiel, en *Bitácora*.

Lina Ruz González (1903-1963) no era prime-
riza, ya sabía lo que era traer hijos al mundo.
Fidel iba a ser el tercer vástago, de una zaga
donde estaban ya Ramón Eusebio (14.10.1924)
y Ángela María (02.04.1923). No se podía hacer
otra cosa que tener hijos, en medio de ese latifundio, de 10.000 hectáreas, en un sitio llamado
Birán, en Mayarí, actual provincia de Holguín,
la más oriental de la isla cubana, un pedazo de
tierra negruzca, de temperaturas altas, casi asfi-
xiantes y poca humedad, donde ni luz eléctrica
había, perdido allá donde el diablo dio las cuatro
voces y nadie lo escuchó.

La noche del 12 de agosto de 1927, comenzó a sentir fuertes dolores en la barriga y algunas contracciones en el bajo vientre y pensó que ya faltaba poco. Días antes, mientras paseaba por el inmenso naranjal, ubicado en el patio de la casona, le pareció que se orinaba, pero se tocó el pantalón interior y se dio cuenta que eran puras ilusiones; después solo sintió unos feroces puntapiés en la barriga picuda y presintió que el parto no iba a ser fácil.

La madrugada del 13 de agosto, cuando nació Fidel, su madre se incorporó de la cama e intuyó algo raro. Había tenido una premonición o había soñado, no sabía bien, que traería al mundo a una chiquilla rubia, de ojos azules relámpagos y piel de nácar, tan pálida y fina que parecía quebrarse. Esto la despertó sobresaltada y pegó un quejido, que se escuchó en toda la casona tipo chalet, de madera machihembrada, con techo de lata, edificada sobre pilotes de caguairán y otros troncos cimarrones del bosque. El alarido despertó e incomodó a Ángel María Bautista Castro Argiz (1875-1956), su marido, un gallego medio bruto y cascarrabias, semi-analfabeto, proveniente de Láncara, en la provincia de Lugo, en Galicia, España, propenso a comer demasiado y con gran talento para la organización y las cuentas, que comenzó como cortador de cañas y terminó con una fortuna notable, cercana al millón de dólares. Había comprado aquel pedazo de tierra, que consideraba una mina de oro, con un dinero del retiro que España ofrecía por la participación militar en la Segunda Guerra de Independencia, de 1895, contra los mambises cubanos y en su segundo viaje a la isla se "aplatanó", se instaló para siempre.

Lina era una guajira isleña, natural de Las Catalinas, Guane, Pinar del Río, semi-analfabeta,

hija de un turco comerciante y una cubana pina-
reña, con cara de resignación, ancestros españoles
(canarios) y fama de tener ciertos poderes de
adivinadora con las barajas de las copas y los
bastos. Desde que cumplió los 18 años y se hizo
toda una señorita, llamaba la atención por su aire
desenvuelto en las casas donde se desempeñaba
como empleada doméstica, su locuacidad, unos
ojazos color tizón encendido y aquellas piernas
larguísimas que parecían no tener fin, que serían la
codicia de los viejos propietarios gallegos de
feudos orientales, que soñaban con tenerla entre
sus brazos, aunque más no fuera una noche, hasta
que Ángel, aún casado legalmente, decide juntarse
en concubinato y convertirla en la señora de la
casa. En 1918, contrae matrimonio con "el patrón"
quien ya se había divorciado de su primera esposa
María Luisa Argote, una maestra de Birán, con la
que tuvo dos hijos: Pedro Emilio y Lidia. Algunos
testimonios la recuerdan como una mujer alta y
resuelta, que recorría las posesiones de los Castro
a lomo de caballo, armada con un fusil americano
Winchester y rara vez se la veía en la casa familiar
como esposa hogareña y hacendosa.

Después de aquel alarido, Lina se levantó de
la cama y descubrió que había roto la fuente y
todo el colchón se había empapado. Caminó en
silencio para no enojar a Ángel hasta un cuartito al
final de la cocina, donde se estaba quedando por
esos días la partera del batey, a la espera de que la
señora alumbrara a la criatura. Entonces, sobrevi-
nieron los dolores de parto y gritó cansinamente,
pues ya se sintió manchada de sangre las piernas.

La comadrona solo atinó a llevarla a la sala,
donde el viejo reloj de pared lanzaba dos campa-
nazos secos, en la madrugada, y a acomodarla en
un gastado sofá de madera y pajilla, pues ya

venía saliendo una cabeza muy grande entre las entrañas de la señora. Afuera llovía copiosamente y tronaba con furia. Cuando pudo palanquear a la criatura, con las manos y unos pedazos de sábanas viejas, que ya tenía preparadas, y tiró del cuello para facilitar el trabajo de parto, un bebé, de 12 libras de peso, berreó y se proyectó hacia el exterior cual una bala de grueso calibre. La partera trozó el cordón umbilical y comenzó a limpiar al chiquillo. Se lo mostró a la madre, quien aún sentía como si las tripas le estuvieran saliendo para afuera. Lina lo miró con dulzura, como solo saben hacerlo las madres generosas y comprobó que era un varón sano. Le llamó la atención que seguía pataleando y no dejaba de llorar intentando asirse a los brazos de la comadrona, como una forma de aferrarse a la vida. La partera, en ese momento, lanzó una frase premonitoria, que voló por la habitación como ánima en busca de cobija:

—Señora, este es más cabezón que los otros dos, de seguro será muy inteligente, pero llegó para quedarse y hacer de las suyas porque no quiere soltarme ni a palos.

El mismo Fidel Castro ha contado que llegó al mundo "poco después de las dos de la madrugada, en una noche de ciclón, plagada de truenos, relámpagos y lluvias torrenciales". Posteriormente, Lina traería otros cuatro hijos más, a quien les puso por nombres: Raúl Modesto (03-04-1931); Juana de la Caridad (06-05-1933); Emma Concepción (02-01-1935) y Agustina del Carmen (28-08-1938). De todos ellos a Fidel solo le unirán lazos entrañables, que pasan sobre todo por lo ideológico, las complicidades y el poder, con Raúl.

Dandy en el oriente cubano

Fidel ha dicho, repetidas veces, que el hombre es hijo de las circunstancias. Y precisamente él lo ha sido más que nadie en este mundo. Nació en un hogar acomodado, con influencias y contactos políticos y por ello fue formando un espíritu rebelde, antojadizo, consentido y hasta extravagante, que incluso le permitió manejar un automóvil de lujo, un Ford, desde temprana edad, en aquellos caminos polvorientos, entre negros haitianos, jamaicanos, españoles y judíos europeos en tránsito. Al hablar de sus orígenes ha reconocido haber nacido en un familia rica: "Recuerdo —ha apuntado— haber tenido varios pares de zapatos, cuando los demás niños iban descalzos y no haber tenido falta de nada en la vida".

Birán no era un pueblo como tal, más bien un batey, una especie de feudo, donde Ángel era el mandamás, responsable en mucho de la formación y "prosperidad" de aquel caserío. La propiedad fue adquirida en 1914 por el patriarca de los Castro, quien venía de Galicia, España, y compró unas 300 hectáreas por un valor de 375 pesos (entonces equivalente a dólares) para la producción forestal, el cultivo azucarero y la cría de ganado. Lo primero que se edificó fue la casa familiar, de dos plantas, que terminó con unas 10 habitaciones, un cobertizo debajo para vacas y aves de corral y el camino real o guardarraya de acceso, que cuando llovía (de Pascua a San Juan) se ponía intransitable. Con el tiempo tiene lugar en Birán un anárquico proceso de "urbanización", cuando son edificadas la panadería, la bodega, el taller de herramientas agrícolas, la taberna, una escuela, un correo-telégrafo, el bar-restaurante, una valla de gallos para la lidia y

Fidel cuando apenas tenía cuatro años, en el patio de la casona de Birán.

hasta un hostal, adonde pernoctaban las personas o familias de origen judío, provenientes de Europa, que huían de la guerra y el fascismo y querían entrar a Estados Unidos, utilizando la parte más oriental de la isla, su posición geoestratégica, como trampolín para llegar clandestinamente a la Florida. Aquel era un negocio de contrabando humano que rendía pingües utilidades, donde el padre de Fidel hizo una gran parte de su enjundiosa fortuna.

Pero en honor a la verdad, mucho de su patrimonio inicial se lo debe, también, a sus dotes organizativas, al frente de varias cuadrillas de braceros haitianos, jamaicanos y españoles emigrantes (alrededor de 300 hombres), que trabajaban sembrando y cortando caña de azúcar o talando bosques para producir leña con destino a las calderas de los ingenios azucareros y las vegas tabacaleras de la zona. Aquel trabajo de sol a sol de los peones por un mísero jornal para la

En estas fotografías puede apreciarse a los padres de Fidel:
Ángel María Bautista Castro Argiz y Lina Ruz González.

tristemente famosa United Fruit Company, un monopolio norteamericano establecido en el centro norte oriental de la isla, con aproximadamente 120.000 hectáreas, le proporcionaba, además, muchos utilidad y le permite hasta comprar un latifundio familiar cañero (Manacas), de más de diez mil hectáreas. Entonces, Ángel Castro se convierte en uno de los hombres más ricos de Mayarí.

Relatan algunos biógrafos, incluso una fuente como Alina Fernández, la hija indócil de Fidel, sin el apellido Castro, en su libro *Alina, memorias de la hija rebelde de Castro* (Plaza & Janes, Barcelona, 1997) que los peones que trabajaban bajo las órdenes de su abuelo paterno recibían una magra cantidad de cupones y vales para comprar en la bodega, de la que Don Ángel —como se hacía llamar— era también dueño y señor.

Alina Fernández, la hija de Fidel, que no utiliza su apellido
Castro, desde su exilio en Estados Unidos escribió en su
libro *Alina, memorias de la hija rebelde de Castro*, que su
abuelo abusaba de los peones que trabajan para él
pagándoles con cupones que debían utilizar como vales de
compra en la tienda que él también regentaba.

El entorno político de Don Ángel Castro era heterogéneo. Entre sus amigos se contaban influyentes militares, como el que posteriormente llegaría a ser el General golpista y dictador Fulgencio Batista y Zaldívar (nacido en Banes, Oriente); el millonario y político, Fidel Pinos Santos, quien había prometido bautizar a Fidel y convertirse en su padrino, pero no lo concretó. Aun así ese personaje con una nutrida red de contactos navales, salvoconductos e influencias diplomáticas fue muy aprovechado por el patriarca de la familia Castro.

También se conoce la excelente amistad de Don Ángel con el prominente político y alcalde de Banes (1932) Rafael J. Díaz Balart, padre de Mirta Francisca de la Caridad Díaz-Balart, quien se convertiría en la primera esposa de Fidel y madre de su primogénito Fidel Félix, historia a la que nos referiremos más adelante. Quizás la punta del ovillo de dichas relaciones —como han referido el historiador cubano José A. Tabares y el afamado periodista Mario Kuchilán — habría que buscarla en Carmela Zaldívar, la madre de quien luego se convertiría en presidente de facto de la isla, el General Fulgencio Batista y Zaldívar. La progenitora del dictador trabajó, durante mucho tiempo, como cocinera de la acaudalada y católica familia Díaz-Balart. De ahí vendrían los acercamientos amistosos de estos personajes, que luego pasaron a convertirse en actores importantes de la política cubana.

Mención aparte merece la extravagante historia, las jocosas idas y vueltas —con mucho de sainete vernáculo insular— que acompaña la inscripción notarial del nacimiento del futuro conductor de masas. Según se conoce y festeja públicamente, Fidel nació el 13 de agosto de

El entorno político de Don Ángel Castro, el padre de Fidel, era heterogéneo. Entre sus amigos se contaban influyentes militares, como el General golpista y dictador Fulgencio Batista y Zaldívar.

1926. Pero todo coincide en apuntar que se han deslizado algunos errores en esa efeméride, relacionados con el año de nacimiento, los nombres y hasta los apellidos. Y parecería que tiene, incluso, un año menos de los 83 que dicen.

Quien primero advierte esas imprecisiones es la escritora brasileña Claudia Furiati, que investigó durante 9 años para documentar el libro autorizado: *Do menino a guerrilheiro* y tuvo acceso a los archivos personales del mandatario, que se guardan celosamente en lo que antes había sido la residencia habanera de la confidente y secretaria personal de Fidel, Celia Sánchez Manduley (1920-1980). Ella relata que existen tres partidas de nacimiento, custodiadas bajo siete llaves, que fueron realizadas en los años 1935,1938 y 1941 y un registro de bautismo en la Catedral de Santiago de Cuba. En esos documentos de nacimiento y bautismo aparecerá, indistintamente, con los apellidos de la madre y los nombres de Fidel Hipólito, Fidel Casiano o Fidel Alejandro (hay que recordar que cada 13 de agosto se celebra, en el calendario católico, el cumpleaños de San Hipólito Casiano) y quizás ello explique los cambios de nombres, cada vez que se redactaba una partida.

En relación con la omisión del apellido Castro en los primeros dos documentos se explica por el hecho de que el progenitor aún no se había divorciado de su primera esposa, la maestra María Argote y de acuerdo con las costumbres de la época no estaba permitido que sus nuevos hijos aparecieran con el apellido paterno en los documentos de identidad, hasta tanto el divorcio no fuera firme jurídicamente. No es hasta su tercer documento de identidad que aparecerá con el nombre definitivo y los apellidos que llevará en la vida: Fidel Alejandro Castro Ruz.

Se conoce que en la segunda partida de nacimiento conservada se anota que nació en 1926 y tiene un año más de vida. Detrás de la adulteración de la fecha se esconde la intención manifiesta de poder matricularlo en el Colegio de Belén, adonde ya estaba su hermano Ramón y se exigía un requisito de edad para la admisión y el régimen de internamiento. Por ello el padre pagó 100 pesos al secretario notarial del Registro Civil para que hiciera la necesaria modificación en el papel, lo que pone al desnudo que el líder tiene un año menos de los que festeja y que nació en 1927. Además, ya en la década del 50, Lina y tres de sus hermanas habían rectificado públicamente que Fidel había nacido en 1927 y en la primera entrevista que le hiciera la prestigiosa periodista norteamericana Bárbara Walters, en los años 70, el caudillo confesó sobre el tema: "Escojo la fecha menos favorable".

Quizás ello aclare el porqué en otra entrevista de casi cien horas que el periodista español, Ignacio Ramonet mantuvo con el Comandante, editada para el exterior bajo el título: *Fidel Castro: Biografía a dos voces*, el propio protagonista dijera, no sin cierta tibieza y dubitación: "En esa casa nací yo (se refiere a Birán), el 13 de agosto de 1926, a las 2:00 de la madrugada, *según cuentan* (la cursiva es nuestra)". No corroborando ciento por ciento los datos. En el campo era habitual inscribir a los hijos cuando sus padres podían ir a la ciudad, pasado algún tiempo o incluso años y ello pudo contribuir con los errores o adulteraciones en nombres y fechas.

Fidel tenía 4 años cuando, como oyente en la escuelita, aprendió a leer y a garabatear frases viendo escribir con la tiza en la pizarra a la maestra y a los demás compañeros. Desde entonces ya era dado a las travesuras y las respuestas liberales, propias de uno de los hijos ricos del terrateniente. La maestra iba siempre a la casa, y comía con la familia, pero en la escuela —y por orientaciones de Lina— si era preciso un castigo no dejaba de aplicarlo, pues la obediencia era importante para endurecer el carácter y ahí no valían influencias ni rangos sociales. Así, el chiquillo alcanzó muchos reglazos en las palmas de las manos o penitencias detrás de la puerta, hincado de rodillas sobre chapas de gaseosas.

La escuelita pública rural, de una sola aula, construida con maderas de palmas reales y techo de zinc acanalado, ubicada a escasos kilómetros del feudo, tenía una maestra, llamada Eufrasita Feliú, que venía de Santiago de Cuba, en la mañana, a impartir los conocimientos elementales. Al colegio asistían muy pocos chicos que estudiaban hasta quinto grado, divididos por filas, pues la mayoría eran muy pobres y ayudaban a sus padres en las jornadas de los cañaverales. Cerca del aula se divisaban algunos barracones y chozas con piso de tierra y techo de guano seco, donde vivían innumerables familias haitianas, de manera misérrima, que muchas veces alcanzaban a comer del excedente o las sobras, proveniente de la casona de los Castro, que les era entregado en grandes latas de aceite.

De chico sus juegos más acostumbrados, como cualquier guajirito de su edad, eran cazar pájaros con tirapiedras, seleccionar frutas en las arboledas, bañarse en los ríos, montar a caballo por los llanos y las tierras premontañas, repletas de marabú, hurtar miel de los panales de abeja o jugar al dominó en el patio de la casona, debajo de unas matas de ciruela, donde armaba grandes peleas y discusiones porque, desde entonces, no le gustaba perder ni a las postalitas. Ya en esos momentos solía dar órdenes a las hordas de chiquillos, que siempre le acompañaban y estaban obligados a seguirle sin chistar ni poner caras de malas uvas.

Desde esos momentos ya despuntaba un temperamento rebelde y enrevesado. No por gusto, hasta uno de sus amigos más perseverantes e íntimos, el célebre escritor colombiano, Gabriel García Márquez, que aunque le frecuentó ya de grande, conoce por boca del mismo líder muchas anécdotas de su infancia

> (...) su personalidad es tan compleja e imprevisible, que cada quien puede formarse una imagen distinta de él en un mismo encuentro. Una cosa se sabe con seguridad: esté donde esté, como esté y con quien esté, Fidel Castro está allí para ganar. No creo que pueda existir en este mundo alguien que sea tan mal perdedor. Su actitud frente a la derrota, aún en los actos mínimos de la vida cotidiana, parece obedecer a una lógica privada: ni siquiera la admite, y no tiene un minuto de sosiego mientras no logra invertir los términos y convertirla en victoria (...).

Posteriormente, el pueblo cubano sería testigo y sufriría en carne propia de muchos "reveses convertidos en victoria", por el gobernante.

SANTIAGO ES LA CIUDAD QUE MÁS ME GUSTA

Birán estaba de Santiago de Cuba a unos 70 kilómetros. Fidel había escuchado muchos relatos de la gran urbe, de aquella calle que era una

escalera, que llamaban Padre Pico; de los trova-
dores que tocaban sus laúdes al pie de las puertas
y entonaban canciones y sones tradicionales para
amenizar las noches de fullerías; de las mujeres,
que tejían randa en los descansillos de las ventanas y de sus pobladores con un trato desenfa-
dado, hospitalario y abierto. Por eso, cuando con
seis años y como consecuencia de su destacada
inteligencia, sus padres deciden enviarlo a la
"Perla del Caribe" —como le llamaban popularmente ya a la pintoresca ciudad— junto a su
hermana Angelita, (que le llevaba tres años y
cuatro meses), bajo el cuidado de la que había
sido su profesora en Birán, dio saltos de alegría,
pues siempre tuvo ese espíritu aventurero y
muchas ansias de curiosear nuevos lugares.

Pero salir del paraíso de abundancia, que
representaba Birán, y del resguardo de sus padres, para llegar a una casita de madera, con
techo de tejas rojas, donde llovía más adentro
que afuera, por el estado calamitoso del techo,
con dos cuartitos angostos, en la Loma del
Intendente, en la calle Tivolí —un barrio de
gente muy humilde, que se alumbraba con elec-
tricidad y lámparas de petróleo para ahorrar—,
significó un cimbronazo muy fuerte. El contacto
con otra realidad social en la metrópoli capitalina
oriental fue una de sus primeras escuelas de vida.
Estaba en pleno apogeo la dictadura de Gerardo
Machado y Morales (1871-1939), una de las
épocas más sangrientas de la historia nacional.

Sobre este periodo de su existencia ha
contado que lo que más le estremeció fue salir
del monte, de la tierra adentro y ver por primera
vez el mar abierto, teñido de añil, de la Bahía de
Santiago de Cuba. Ha evocado, además, que se
quedó casi congelado e impávido al ver el

estruendo del fuerte oleaje contra las rocas y el fortín del Faro del Morro. También ha confesado que hasta pasó mucha hambre, pues vivían de una cantinita de comida, que llegaba al mediodía, para unas siete personas, incluyendo a su hermano Ramón, que se une al grupo posteriormente. Se ha lamentado sobre la esterilidad de ese tiempo, en que no aprendió nada, a nivel educativo, pues no recibía ninguna clase y pasaba horas y horas escuchando un achacoso piano, en unas clases de música, que impartía una de las hermanas Feliú. Pero su espíritu inquieto le lleva a aprender solo a sumar, multiplicar, restar y dividir, en un maltrecho cuaderno escolar.

A los oídos del clan Castro llegan las noticias del mal estado en que vivían sus tres hijos en la ciudad, del hambre que pasaban, a pesar de los 120 pesos por persona, que recibían los tutores de la casita de Tivolì. Entonces, Lina decide hacer el viaje y se apersona en el lugar para comprobar con sus propios ojos los desafortunados rumores. En un santiamén los chicos son rescatados del misérrimo lugar y llevados de vuelta al batey donde nacieron.

Pero ya en enero de 1935, Fidel es enviado, nuevamente, a Santiago, para cursar el primer grado, como alumno externo, del católico Colegio de La Salle y comienza a recibir sus clases con sistematicidad, aunque se tiene que contentar con seguir viviendo, nuevamente, y durante aproximadamente tres años, en la casa de su antigua maestra Eufrasita Feliù, donde se había sentido tan mal, que ahora se había mudado a una vivienda más amplia y confortable, en la calle Rabí No. 6, ubicada cerca del Instituto de Segunda Enseñanza de la ciudad santiaguera.

En la Catedral de Santiago de Cuba, ya con 8 años, fue bautizado, por la hermana de su maestra, que era profesora de piano y su esposo, Luis Hibert, quien se desempeñaba como cónsul de Haití, en la región, pues era preciso para asistir a un colegio católico haber tomado los sacramentos. Bajo el altar, con la efigie del Cristo Redentor y la mirada apacible de la Virgen de la Caridad del Cobre, la Santa Patrona de Cuba, recibe los servicios religiosos del bautizo, en un santuario, que aún hoy está considerado una de las joyas de la arquitectura insular y ostenta el triste récord de haber sido reconstruido en cuatro ocasiones, debido a los rigores de incendios, en tiempos de corsarios y piratas; terremotos y azotes de huracanes.

Del Colegio de los Hermanos La Salle, iba y venía solo caminando por las calles santiagueras para la hora del almuerzo y después regresaba a la escuela con el fin de asistir a la sesión de clases de la tarde. De ese momento, Fidel ha contado que lo obligaban a comer vegetales a la fuerza y lo amenazaban con ponerlo en régimen interno si no se portaba correctamente, pues en la casa imperaban las costumbres francesas, impuestas por su padrino y su madrina, y "una disciplina casi feudal". Fueron tantas sus rebeldías y los fuertes encontronazos con sus tutores, que terminó interno en el establecimiento docente en el segundo semestre del primer grado. Allí, liberado y feliz, podía jugar con los demás alumnos, practicar deportes e ir a nadar a la playa o visitar el campo y ascender montañas, durante los jueves y domingos de cada semana.

En un pequeño balneario de la bahía de Santiago, con instalaciones deportivas, disfrutaba del contacto con la naturaleza, de los juegos de béisbol, de la natación, la pesca y la vida libre, que tanto ambicionó siempre. En esa escuela estuvo aproximadamente 4 años, hasta que ingresa al Colegio de Dolores, otra escuela privada y católica, en la capital oriental de la isla, dirigida por la Compañía de Jesús, donde concluye sus estudios primarios. Dicho centro educativo (donde en la actualidad se conserva un pupitre vacío, en un aula del segundo piso, como recordatorio de su paso) ha sido calificado por el líder, en uno de sus interminables discursos, como "un rígido internado segregacionista, donde los varones estaban a distancia infinita de las hembras, separados en escuelas que estaban a años luz unas de otras". Allí tocaba bien la trompeta y había sido incluido en la banda de música. Como alumno era aceptable en clases, pero insoportable después, cuando se convertía en uno de los líderes más destacados del grupo de los "peleones".

Sus estudios secundarios empiezan, en 1939, en el afamado Colegio de Belén, en la Ciudad de La Habana, donde se gradúa en junio de 1945, como Bachiller en Letras y se distingue como un gran deportista. Para entonces ya practicaba la natación, el voleibol y el básquet con grandes aptitudes deportivas y premios y era un excelente capitán del club de exploradores del colegio. Un compañero de clases, José Ignacio Rasco, ha dicho del adolescente Fidel que "era muy bueno al béisbol, sobre todo como lanzador. En baloncesto era una buen defensa, aunque pretendía jugar de delantero, en cuyo caso el equipo perdía". La institución era un centro escolar, que no admitía a estudiantes negros y donde estudiaban los jóvenes de la alta burguesía habanera. En sus predios, una casona inmensa,

Fidel Castro a los 16 años cuando era estudiante del Colegio de Dolores.

de altos techos, grandes ventanas puertas y columnas romanas, que soportaban aquella mole de concreto, la preparación escolar era superior y de sus claustros egresaban alumnos con un mayor nivel intelectual e inclinación por las letras, la astronomía, la filosofía, la botánica, el español y la literatura. Allí, Fidel —apodado con cariño y admiración por sus compañeros "el loco Fidel"— recibe una educación espartana y exigente, crucial en su formación intelectual y responsable de sus habilidades retóricas y discursivas posteriores. Sobre dicha etapa, ha opinado, recientemente, que "los jesuitas tienen una gran concepción de la organización, una inclinación por la disciplina militar. Saben formar el carácter de los muchachos. Si uno realiza actividades arriesgadas y difíciles, las ven como prueba de espíritu emprendedor y tenaz. No las desestimulan. (…) Saben inculcar el sentido del honor, saben apreciar el carácter, la franqueza, la

43

rectitud, la valentía de la persona y la capacidad de soportar un sacrificio".

Su consejero espiritual, el padre Llorente, al despedir al ejemplar discípulo del Colegio de Belén, consigna en el libro de egresados unas palabras, que ya casi forman parte de la mística pueblerina y retratan premonitoriamente su personalidad: "Fidel Castro Ruz se ha distinguido siempre en todas las materias relacionadas con las letras. Excelente y de espíritu abierto, ha sido un verdadero atleta, que defendió con valor y orgullo la bandera del colegio. Supo ganarse la admiración y el cariño de todos. Cursará la carrera de Derecho y no dudamos que llenará de páginas brillantes el libro de su vida. ¡Fidel tiene madera y no faltará el artista!".

2

¿El Derecho y la aventura como profesión?

*Me he buscado/ dentro de los mares,/ después de ti,/
descubro que tuyas/ son las aguas,/ mías son las sales.*

Rudy Alfonzo Gómez Rivas, *Alas rotas.*

Ángel siempre quiso que alguno de sus hijos
estudiara abogacía para que defendiera los intereses de la familia Castro Ruz. Decía que sus posesiones en Birán, estaban rodeadas de compañías
estadounidenses y que estas siempre tenían la
intención de acaparar más tierras. Conservaba un
sentido pragmático de la subsistencia, que here-
daría uno de sus delfines dilectos: Fidel. Por ello,
el 4 de septiembre de 1945, casi por compulsión
paterna, se matricula en la carrera de Derecho y
Derecho Diplomático en la Facultad de Ciencias
Sociales de la Universidad de La Habana, en
momentos en que el "clima" estudiantil hervía
de luchas políticas contra los gobiernos corruptos
de turno y los "coroneles del palmacristi y la Ley
de Fuga", como calificaban los estudiantes
progresistas a esa etapa histórica.

A la capital regresa como un estudiante
universitario de clase media alta, manejando un
automóvil Ford V-8, color negro brillante, regalo

de su padre, y con una abultada pensión monetaria que le remitirá todos los meses la familia para pagar sus gastos y su vida acomodada, en un pequeño *penthouse* ubicado en El Vedado (La Habana). Para entonces, reencuentra en la escalinata universitaria a Mirta Francisca de la Caridad Díaz-Balart Gutiérrez (nacida el 30 de septiembre de 1928), quien había sido gran amiga y hasta su primera novia, en Birán. La santiaguera, procedente de una de las familias más acaudaladas e influyentes en la política oriental, estudiaba Filosofía y Letras, mientras él se preparaba para ser abogado. En estos primeros años de vida académica universitaria su desinterés por asistir a las clases era total. Es a partir del tercer año que se dedica con especial energía a su labor como estudiante, hasta llegar a dar exámenes libres en tres carreras (Derecho, Derecho Diplomático y Ciencias Sociales).

La joven Mirta —hija de Rafael J. Díaz-Balart, el alcalde machadista de Banes (1932) y asesor jurídico, de la División Banes, de la United Fruit Company, en el norte de Oriente, cuyo hijo, Rafaelito ocuparía, más tarde, el cargo de Subsecretario de Gobernación del General Fulgencio Batista y Zaldívar, durante casi tres años— era una mujer prudente y discreta, de una belleza increíble y una feminidad llamativa. Tenía la educación refinada de una chica de clase pudiente, preparada para el matrimonio y los aires mundanos y despejados de una niña de abultada herencia.

El encuentro resultó una reconciliación fulminante y ya el 11 octubre de 1948, el apuesto y seductor líder estudiantil, entonces con 21 años, y Mirta (20) se casan en la iglesia católica de Banes, Oriente, con una larga luna de miel, de

Fidel Castro y Mirta Díaz-Balart se casaron en la iglesia
católica de Banes y tuvieron una larga luna de miel de cerca
de tres meses en Nueva York.

cerca de tres meses, en Nueva York, donde residen en el 156 West 82th Street, en Manhattan.
Allí, el estudiante santiaguero, que comenzaba a
escalar un lugar dentro de los grupos universitarios habaneros como dirigente estudiantil, compra y lee, por primera vez, los libros del eco-
nomista y filósofo alemán, Karl Marx
(1818-1883), del pensador alemán, Federico
Engels (1820-1895) y del guía del proletariado
mundial, Vladimir Ilich Lenin, cuyas escritos
revolucionarios forman el *corpus* teórico del
marxismo-leninismo y el comunismo científico.
Se ha sabido recientemente que estando en Norteamérica estuvo tentado a inscribirse en la
Universidad de Harvard para continuar sus estudios, pero terminó desistiendo, pues no encontró
una beca y regresó a La Habana con su flamante
esposa para vivir en la calle 23, No. 1511, entre
24 y 26, en el céntrico barrio del Vedado habanero.

Fidel y Mirta Díaz-Balart, pocos días después de su matrimonio, en Santiago de Cuba.

Ya en ese momento había dado los primeros pasos en la política, en el ámbito estricto de las aulas universitarias en donde fue elegido delegado de su curso (con 181 votos a favor y 33 en contra). Incluso llegó a recibir amenazas de muerte al enfrentarse como candidato de la Federación Estudiantil Universitaria (FEU) a Manolo Castro Campos. Este dirigente del Movimiento Social Revolucionario (MSR) integrado por el tira tiros y matón del Partido Socialista Popular, Rolando Masferrer Rojas (1918-1975), estaba conectado con el Jefe de la Policía Secreta gubernamental, Mario Salabarría, que controlaba la rectoría y la policía de la institución docente y apoyaba al gobierno de turno del Dr. Ramón Grau San Martín (1887-1969), quien se desempeñó como Presidente de la isla, en dos periodos, (1933-34 y de 1944-48).

En 1947, encontraremos un Fidel aliado a la Unión Insurreccional Revolucionaria (UIR), presidida por el veterano de la Guerra Civil Española y del Ejército de los Estados Unidos, durante la II Guerra Mundial, Emilio Tró (1917-1947), quien en septiembre de ese año cae muerto en una balacera con militantes del MSR, que dirigían Masferrer, Manolo Castro Campos y Eufemio Fernández Ortega, altercado conocido como la matanza capitalina de la barriada de Orfila, en Marianao, ocurrido el 15 de septiembre. Posteriormente, estos tres personajes fueron ejecutados de maneras diferentes y en circunstancias muy sospechosas, como cerrando un círculo de venganza: Manolo Castro fallece en un atentado, en febrero de 1948; Fernández Ortega, fue fusilado en abril de 1961 por los tribunales revolucionarios, después de los sucesos de Bahía de Cochinos y Masferrer, sale ileso de un fallido primer intento de asesinato, en septiembre de 1948 y posteriormente es víctima de un bomba de C-4, que estalla cuando echa a andar su auto, frente a su casa en Miami, en octubre de 1975, como recogieron los periódicos *New York Times* y *Miami Herald*.

En el *campus* universitario se vivía un clima enrarecido de patotas gansteriles, presiones políticas e inseguridad mafiosa, donde la policía universitaria, totalmente controlada por los grupos aliados del poder de turno, no dudaba en matar y hacer aparecer sus asesinatos como riñas grupales o ajustes de cuentas. Fidel —no podía ser de otra manera— no se mantuvo al margen de esas intrigas estudiantiles, alianzas y pujas de poderes de esa micropolítica. Quizás ello explique que su figura se convirtiera, desde ese momento, en un objetivo a captar por los núcleos comunistas que operaban en la alta casa de estudios, pues ya supieron vislumbrar en él a una figura con ambiciones de poder, dotes inusuales para la persuasión y habilidad manipuladora para captar a las grandes mayorías, materias primas fundamentales para el líder que buscaban reclutar.

Para entonces, ya el cabecilla estudiantil portaba una pistola *Browning*, de 15 tiros, por los riesgos y desafíos a que estaba sometido. Fidel se ha definido en esa época como un analfabeto político, con algunas reflexiones ideológicas de tesituras comunistas utópicas y, sobre todo, como un pésimo estudiante, al que no le importaba asistir a clases y vivía al margen de los contenidos docentes de su futura profesión, razón por la cual tuvo que dar los exámenes libres pues no contaba con la asistencia requerida para concluir sus estudios. Si disfrutaba sobremanera arengar en el Patio de los Laureles a los compañeros de la facultad, pues ya tenía adecuada recepción sus dotes discursiva, sobre todo entre las noveles estudiantes. También se afilió a diversas organizaciones juveniles, de carácter antiimperialista, que trabajaban en los predios estudiantiles, como el Comité Pro-Independencia de Puerto Rico; el Comité 30 de septiembre, del que fue fundador, entre otros. En junio de 1947, ocupaba ya el cargo de presidente del Comité Pro Democracia Dominicana de la FEU y promovió acciones en reclamo de la destitución del dictador dominicano, Rafael Leónidas Trujillo (1891-1961), presidente de facto, desde 1930, quien se hacía llamar el Generalísimo del Ejército. Sobre la rocambolesca aventura marinera de Cayo Confites, dejemos que sea él quien exponga sus andanzas:

> Había sido honrado con la designación como Presidente del Comité Pro Democracia Domini-

cana. No parecía un cargo muy importante, pero, dado mi carácter rebelde, lo tomé en serio. Sin que se esperara, llegó la hora propicia. Los exiliados dominicanos impulsan en Cuba una fuerza expedicionaria. Me enrolo en ella cuando aún no había concluido el segundo año de mi carrera. Tenía entonces 21 años.

Después de la malograda expedición de Cayo Confites, no estuve entre los más de mil prisioneros llevados al campamento militar de Columbia, en La Habana, encarcelamiento que dio lugar a la huelga de hambre de Juan Bosch. Habían sido confinados por el Jefe del Ejército de Cuba, General Pérez Dámera, que recibió dinero de Trujillo para interceptar la expedición, lo que se llevó a cabo cuando ya se aproximaba al Paso de los Vientos. Una fragata de la Marina cubana, apuntando con sus cañones de proa a nuestra embarcación que iba delante, dio la orden de volver atrás y atracar en el puerto de Antilla. Me lancé al mar a la entrada de la Bahía de Nipe con tres expedicionarios más. (Fidel Castro, *Granma*, 3 de julio de 2008).

Los múltiples libros y artículos periodísticos, que se han escrito sobre los avatares políticos del futuro caudillo han pasado casi de soslayo este abortado episodio latinoamericano. En algunas obras ha sido considerado como otra de las extravagantes aventuras y alucinaciones, que "adornan" su quehacer agitador e insurrecto, pero este fue un suceso clave en la percepción fidelista, que perdurará, después, sobre la lucha irregular de desgaste y la necesidad de entrenar y armar un ejército civil e irse a las montañas para combatir y derrocar al poder de turno. Los sucesos de Cayo Confites —un pequeño islote de arena, al Norte de la provincia de Camagüey, donde acamparon más de mil hombres en armas, entre ellos veteranos de la Segunda Guerra Mundial y de la Guerra Civil Española, en su mayoría de nacionalidad cubana, alrededor de 350 dominicanos y algunos centroamericanos; tropas equipadas con una flotilla de barco y aviones, piloteados por soldados de la fortuna norteamericanos, así como armamentos modernos, adquiridos en Estados Unidos de los saldos de guerra de conflictos anteriores— fueron casi un ensayo general de lo que no debe hacerse si se pretende tomar el poder por la fuerza y, sobre todo, salir victorioso. Él supo aprender la lección. Aún a sabiendas de que la organización de esa expedición era un desastre, que estaba condenada de antemano al fracaso, a pesar de los fuertes entrenamientos militares recibidos (donde Fidel, incluso, ha confesado que aprendió a usar muchas armas, entre ellas los morteros), de la inexistencia de un diseño táctico y estratégico de combate para desembarcar y chocar frontalmente contra las fuerzas militares dominicanas, el líder estudiantil decide participar y tomar el curso intensivo de preparación militar y guerrillera. Ha revelado que, entonces, ya "creía en la guerra irregular por instinto, porque nací en el campo, porque conocía las montañas (…). Se reafirmaba mi convicción de que no se podía pelear frontalmente contra un ejército en Cuba o en República Dominicana, porque ese ejército disponía de marina, aviación, lo tenía todo; era tonto ignorarlo".

"EL BOGOTAZO":
ABRIR CAMINOS A PATADAS, CODAZOS... Y BALAS

Posteriormente, vendría otro capítulo de su existencia, que ha trascendido como "El Bogotazo". El mismo Fidel, con muchos deseos ya de ganar protagonismo y proyección políticas, con habilidad para saltar jerarquías y hacerse notar, conoce que están llegando a La Habana, en marzo de 1948, delegados argentinos del Partido Justicialista (peronista), entre quienes se encontraban el presidente de la Asociación de Estudiantes de Ciencias Económicas (AECE), de la Universidad de Buenos Aires (UBA), Antonio Cafiero (1922) y el profesor de Derecho e Historia Argentinas, Diego Luis Molinari para reclutar a varios líderes estudiantiles cubanos con el fin de que viajaran a varias naciones latinoamericanos y promovieran el Congreso Anticolonialista, a realizarse en mayo, de ese año, en Argentina, que tendría, entre sus objetivos, condenar la existencia de enclaves coloniales en Latinoamérica; exigir la devolución de las argentinas Islas Malvinas, en poder de los ingleses, la lucha contra las dictaduras militares; abogar por la independencia de Puerto Rico; la nacionalización del Canal de Panamá y la creación de una Federación Universitaria Latinoamericana de Estudiantes.

A la sazón, ya Fidel se sentía hechizado por los discursos nacionalistas, en contra de las oligarquías regionales, del General argentino, Juan Domingo Perón (1895-1974), que circulaban como *papers* entre los estudiantes de la Facultad de Derecho, donde se hablaba del protagonismo de las grandes masas desposeídas y de la distribución social y equitativa. Los delegados de Perón aceptan que Fidel se una al grupo seleccionado. En ese momento, se realizaba en Bogotá la IX Conferencia de Cancilleres de la Organización de Estados Americanos (OEA) y las circunstancias eran idóneas para hacer la propaganda del cónclave estudiantil antiimperialista por la cantidad de medios y periodistas, acreditados en Colombia.

Para Bogotá parte, acompañado del presidente de la FEU y estudiante de arquitectura, Enrique Ovares Herrera (1924-1976); el alumno de Filosofía, Alfredo Guevara (miembro ya de una célula comunista de corte estalinista y, posteriormente, a 83 días del triunfo de la revolución, fundador del Instituto Cubano de Arte e Industria Cinematográficos) y Rafael del Pino Siero, uno de sus grandes amigos de aquella época de estudiantina de "gatillo alegre", convertido casi en su guardaespaldas, quien posteriormente emigra a Miami y en una incursión en avioneta por la isla es capturado y condenado a 30 años de prisión, en el Combinado del Este, de La Habana. El 18 de agosto de 1977, amanecerá ahorcado misteriosamente, en su celda de la cárcel habanera.

El grupo decide pasar primero por Panamá y después por Venezuela. En la Ciudad de Panamá, Fidel y su comitiva, despliegan múltiples reuniones para buscar el apoyo a la futura reunión argentina de sus condiscípulos panameños, quienes estaban desarrollando largas jornadas en contra de la penetración militar y económica norteamericana, en la zona del Canal. Ya en Venezuela, la comisión de delegados de la FEU consigue el apoyo de los estudiantes venezolanos y hasta mantuvieron una entrevista con el prestigioso escritor, Rómulo Gallegos (1884-

En Colombia, junto a otros miembros de la delegación cubana, un día antes de "El Bogotazo", en 1948.

1969), quien llegaría a la presidencia de esa nación, por escasos 9 meses, en 1948.

En la capital colombiana se alojan en el Hotel Claridge, de la Calle 16, en pleno centro de la urbe. Desde su llegada, Fidel despliega tal grado de activismo político y seducción oratoria, que se las ingeniará para sobresalir entre todos. Durante su estancia en esa nación tienen lugar los sucesos políticos del 9 de abril de 1948, día en que asesinan al popular dirigente político y candidato del Partido Liberal, con altas posibilidades de ser elegido Presidente de la República, Jorge Eliécer Gaitán (1898-1948), lo que desata una insurrección popular de gran trascendencia política para la historia de esa nación americana, donde el futuro mandatario cubano tendrá una participación casi estelar.

Antes de esos fatídicos acontecimientos, que hicieron de la fecha un confuso prontuario de incendios, saqueos y desmanes, atribuidos a un acéfalo y turbulento movimiento popular, Fidel y su comisión estudiantil logran entrevistarse con Gaitán, que era apodado por sus seguidores "el tribuno del pueblo", con el interés de invitarlo a la cita de jóvenes estudiantes latinoamericanos y reciben del líder colombiano un grupo de sus discursos y la promesa de otro encuentro el 9 de abril, a las 2 de la tarde, pero horas antes cae asesinado, en sus oficinas de abogado y se desata el caos en la ciudad.

El mismo Fidel se ha encargado de narrar su actuación ese día en Bogotá. Al enterarse del asesinato de Gaitán se dirigió a la plaza Bolívar, ubicada frente al Capitolio, donde se realizaba la Conferencia de Cancilleres y, junto a jóvenes colombianos, rompe los cordones policiales e irrumpe en el recinto para evitar la celebración de la reunión diplomática. Posteriormente, entre idas y vueltas por toda la ciudad, balas y tiroteos logra apropiarse de un fusil Máuser, con 16 municiones, y se une a la insurrección popular con toma de una estación radial, conformación e integración de una escuadra de policía que él consideró eran fuerzas revolucionarias sublevadas para terminar, llevado por un delegado argentino, en medio del toque de queda a la sede diplomática cubana, donde se refugia. Después será trasladado clandestinamente, con toda su comitiva, en un avión fletado, que llevaba novillos de raza para una exhibición vacuna, en el estadio Tropical, de La Habana.

El colombiano Carlos Zamorano, quien llevaba viviendo varios años en Cuba, ha contado, años después, que él esperaba una carta de su padre, que la delegación estudiantil traería y que al llegar el avión de carga, al aeropuerto de Rancho Boyeros, el primero en descender del avión fue Fidel, quien de impecable traje blanco, bajó gritando: ¡Viva el Partido Liberal! ¡Viva Jorge Eliecer Gaitán! Mientras, en Colombia, los medios seguían informando que la explosión popular y los saqueos eran obra de una conspiración de comunistas extranjeros, endilgándoles a los cubanos el calificativo de promotores de aquella situación.

El futuro Comandante reconocería tiempo después que aquellos sucesos en Colombia, conocido como "El Bogotazo", ejercieron gran influencia en su posterior decisión de prescindir de la vía democrática para acceder a la toma del poder, en tanto había comprobado que solo con las armas y la instauración de una situación revolucionaria podría cambiarse el gobierno de turno.

El periodista y escritor colombiano Plinio Apuleyo Mendoza (1932), recordando aquellos sucesos, ha descrito cinematográficamente que "el país que habíamos conocido sucumbió para siempre aquel viernes enardecido de abril de 1948, húmedo de sangre y envuelto en ráfagas de lluvia y humaredas de incendio. Ardían tranvías y edificios públicos. Muchedumbres enloquecidas y armadas de machetes recorrían las calles. En la noche y al día siguiente, la revuelta popular fue sofocada de una manera brutal. Cuatro mil muertos quedaron en las calles de Bogotá. Solo delante de mi casa conté dieciocho cadáveres. A partir de entonces, la violencia fue protagonista central de nuestra vida política".

"Bohemio" en la escalinata universitaria

El 1 de septiembre de 1949 nace el primogénito: Fidel Félix Castro Díaz Balart, apodado Fidelito, (el más parecido, físicamente, de grande, a su progenitor). Mirta se ve obligada a abandonar momentáneamente los estudios universitarios para cuidar al pequeño y ello termina frustrándola y provocando los primeros roces en el matrimonio. Disputas que se vieron agravadas por las continúas separaciones debido a la actividad revolucionaria del líder y algunas infidelidades que dieron al traste con la unión. Se cuenta, y fue ratificado recientemente por una de sus protagonistas, que el detonante final fue una carta de amor traspapelada, dirigida a la joven casada, de buena posición económica, Natalia "Naty" Revuelta Clews, que le envío Fidel cuando estuvo preso en la Isla de Pinos, tras asaltar el Cuartel Moncada, que cayó por error en manos de Mirta. Ello provocó el divorcio del líder cubano en 1955.

Rafael Díaz Balart (1926-2005) —cuñado de Fidel y padre de dos congresistas cubano-estadounidenses— contó en una ocasión, desde su exilio en Miami, que Fidelito nació muy fuerte, pero su hermana no pudo darle el pecho. Entonces llamó al famoso pediatra Soto Pradera, fallecido en el exilio, quien le recomendó una fórmula para darle como alimento al recién nacido, cada 6 horas. "Al mes, el niño comenzó a tener cuadros frecuentes de diarreas y vómitos. Al ser consultado el tema con el médico este dijo, después de auscultarlo, que el bebé tenía una salud a toda prueba y pregunta si se le ha dado la fórmula tal y como él la había prescrito. Mirta le contesta afirmativamente y el galeno quiere saber si ella era quien se la proveía siem-

El 1 de septiembre de 1949 nació el primogénito:
Fidel Félix Castro Díaz Balart, apodado Fidelito,
(el más parecido, físicamente, de grande, a su progenitor).

pre, a lo que la madre responde afirmativamente, pero comenta que algunas noches ella duerme y se la da Fidel. Entonces, se comprobó que el progenitor le daba el cuádruple de la fórmula al crío para que creciera más rápido, porque un amigo tenía un niño con un año más y quería que fuese igual o más fuerte".

A pesar de toda la reserva que siempre se ha cernido alrededor de la vida privada del patriarca caribeño, se ha conocido que Fidelito, el primogénito, estudió en Estados Unidos, La Habana y la Universidad de Moscú. En este último centro se graduó con medalla de oro de Ingeniero en Física Nuclear. En la URSS, pocos conocían su verdadera identidad ya que usaba el seudónimo de José Raúl Fernández. En 1980, fue nombrado responsable de la Comisión de Energía Atómica y presidente de la Secretaría Ejecutiva para Asuntos Nucleares, de cuyo cargo fue destituido por su propio padre, quien le reprochó razones de incompetencia en el año 1984.

De los amoríos de Fidel con Natalia Revuelta Clews (1925), una hermosa mujer de la alta aristocracia habanera, hablaremos más adelante y también del nacimiento, el 19 de marzo de 1956, de su segunda hija, la más rebelde de todos sus vástagos: Alina Fernández Revuelta (no reconocida oficialmente), quien vive en Estados Unidos. En la isla Alina se desempeñó como modelo de pasarela para Le Maisson, una importante casa de moda. En Norteamérica trabaja como periodista para la CNN y para las radios anticastristas.

Por esos años, el líder universitario también mantiene fuertes lazos con el fundador y presidente del Partido del Pueblo Cubano (Ortodoxo) y senador por la provincia de La

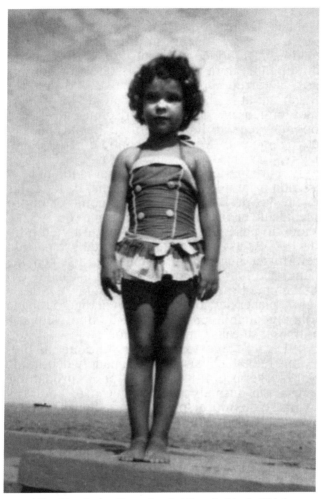

Alina Fernández Revuelta, la hija rebelde de Fidel,
a los cuatro años, en el Malecón de La Habana.

Habana, Dr. Eduardo René Chibás (1907-1951), quien tenía a la sazón un programa radial llamado: *El Aldabonazo*, desde donde denunciaba, durante una hora en la CMQ, todos los domingos, la corrupción del Gobierno de Carlos Prío Socarras; abogaba por el rescate de los principios cívicos y éticos de la nación cubana; se oponía al pandillismo político de la época y cuyo lema era: "Vergüenza contra dinero". Eddy Chibás, así le decían sus amigos, era un líder muy carismático, con una gran audiencia y pegada en amplios sectores populares, todas las encuestas de la época le daban como el futuro presidente en las próximas elecciones de 1952, y Fidel no pasa por alto esa coyuntura y en julio de 1947 se afilia a la membresía de ese partido reformista, llegando incluso a infiltrarse con una cámara fotográfica en la finca "La Chata" del presidente Prío Socarrás para retratar la vida de lujo y placer del gobernante con el dinero robado a la ciudadanía, con el ánimo de impresionar a Chibás y su causa anticorrupción.

El 5 de agosto de 1951, durante su programa radial, Chibás, decepcionado y deprimido por las lacras políticas y al no poder probar una acusación de malversación que hizo contra el Ministro de Educación Aureliano Sánchez Arango, atentó contra su propia vida. Al término de su discurso que definió como el último aldabonazo a la conciencia cubana, se dio un disparo en el vientre. Después de un largo proceso entre la vida y la muerte, fallece el 16 de agosto. Sobre su persona, Miguel Ángel Quevedo, director de la revista *Bohemia* de Cuba, diría en su editorial del 19 de agosto de 1951: "Se nos fue la última esperanza".

En su libro: *Después de Fidel*, el escritor norteamericano y alto funcionario de la Central de Inteligencia Americana (CIA), experto en asuntos de interés latinoamericano, Brian Latell, ha descrito esta etapa de la vida del líder estudiantil al advertir que: "(…) los asuntos académicos le inspiraban poco, faltaba continuamente a clases y, tal como hacía en Belén, aprobaba sus exámenes a punto de memorizaciones de última hora. Pasaba largas horas en los cafés, hablando incesantemente de política con quien quisiera escucharle. Fidel todavía no se había despojado de todas sus características rurales de guajiro y, con frecuencia, se presentaba en la Universidad con la ropa manchada y arrugada. Esto le valió varios motes desagradables, que perduraron por años: 'bola de grasa' y 'bola de churre' eran los más comunes". Se cuenta que usaba, entonces, zapatos con medias de colores estridentes, se ponía cualquier ropa que descolgaba de una percha en su placard y solía autocalificarse de "bohemio" para salvar las apariencias. Todo esa dejadez mundana no hacía más que ratificar su caótica vida doméstica y ese estilo casi desmañado y campesino, sin sofisticación que le distinguiría después. Lo que nunca nos hemos preguntado es si aquello era una pose esnobista, una impostura intelectual para llamar la atención y no parecerse al resto o si estaba incorporado egosintónicamente a su personalidad.

A principios de noviembre de 1947, con 20 años, propone a los estudiantes universitarios otro de sus descabellados planes para desacreditar al gobierno de Grau San Martín: secuestrar la histórica campana del ingenio La Demajagua, uno de los símbolos más importantes de la lucha independentista cubana del siglo XIX, que se conservaba en Manzanillo, un pequeño poblado al sureste de Cuba, y trasladarla en secreto a la Universidad para hacerla repicar en medio de ceremonias y durante una gran manifestación en contra del régimen. Veteranos de las guerras anticoloniales cedieron ante el poder persuasivo de Fidel y de su compañero de la Juventud Socialista y del Partido Socialista Popular (PSP), Lionel Soto Prieto (1917-2008), quienes llegaron al poblado el 1 de noviembre de ese año y escoltaron la campana en el viaje, junto a Juvencio Guerrero, un concejal del ayuntamiento local de Guacanayabo. Posteriormente, una camarilla gansteril, liderada por Eufemio Fernández, secuestró el símbolo, que solo estaría durante 24 horas en la rectoría universitaria, y la trasladan al Palacio Presidencial, para devolverla debido a la presión popular, a la ciudad de Manzanillo, en noviembre.

A mediados de 1949, asiste regularmente a un seminario de estudios marxistas, organizado por el PSP y para septiembre de ese año llega a La Habana el hermano con el que más le unen lazos políticos y afectivos: Raúl Modesto Castro Ruz, con el fin de estudiar la carrera de Administración en la Universidad. Allí se vincula inmediatamente con Alfredo Guevara, Lionel Soto, los amigos comunistas de Fidel, y pronto ingresa en la Juventud Socialista del PSP. Se sabe que, incluso, Raúl participó, en 1953, como delegado a la Conferencia Internacional de Defensa de los Derechos de la Juventud, que se llevó a cabo en Viena, capital de Austria, y fue invitado a participar en la Reunión del Comité Internacional Preparatorio del IV Festival Mundial de la Juventud y los Estudiantes en Bucarest, en Rumania (1953).

Cinco años menor que el futuro gobernante, Raúl recibe diversos cursos no académicos (entre 1948-49), pero no se concentra en ninguno, en tanto siempre fue muy notable su holgazanería intelectual y su apatía hacia todo lo que representara instrucción. De ahí que nunca concluyó ningún programa de estudios, ni se hizo acreedor de título profesional alguno. No en balde, en una entrevista, concedida al diario *El Sol de México*, realizada por Mario Vásquez Raña en abril de 1993, Raúl ha revelado que sus años juveniles en Birán posterior a su expulsión del colegio de Belén, donde no estuvo más de tres meses, fueron de total lasitud y disipación, con un *hobbie* muy entretenido: la lidia de gallos. Por ello su progenitor "le envío a trabajar en los campos. Primero recogía patatas; luego trabajé en una bodega y con posterioridad en un almacén, todos de mi padre. Finalmente, me mandaron a una oficina, donde mi salario era de 60 pesos, una buena suma para entonces". Posteriormente se lo mandan a Fidel para que se haga cargo de sacarlo adelante.

En contraposición a su hermano menor, nuestro desaliñado líder universitario obtiene los títulos de Doctor en Derecho Civil y Licenciado en Derecho Diplomático, a fines de 1950 y termina abriendo una anémica oficina-bufete con un compañero para trabajar en solo dos o tres casos civiles, pues todo su tiempo lo consumían los asuntos políticos, la preparación y organización de un golpe armado que pusiera fin al gobierno de facto de Fulgencio Batista, quien había dado un golpe de Estado (10 de marzo de 1952) y anulado todas las garantías constitucionales. Precisamente es entre los jóvenes del Partido Ortodoxo que Fidel va a aglutinar y re-

clutar a los futuros protagonistas del asalto al
Cuartel Moncada.

Acerca del breve e intenso romance de Fidel
con Natalia "Naty" Revuelta Clews, la propia
protagonista se ha encargado de aclarar algunos
puntos en una entrevista al diario *Clarín* de
Argentina (sábado 3 de enero/2009), donde
cuenta que ella aún defiende la Revolución: "Si
algún día esto se vacía —afirma burlescamente—
yo seré quien apague el faro del castillo del
Morro", ha dicho como para que no queden som-
bras de duda acerca de su incondicionalidad a
Fidel. En ese diálogo periodístico ha declarado,
además, que ella trabajaba en la empresa petro-
lera ESSO y estaba casada con un cardiólogo
prestigioso con quien tenía ya una hija y que
conoció al líder en la propia universidad, durante
un acto de condena al golpe de Estado de Batista,
en noviembre de 1952 y la relación se fue
haciendo cada día más cercana e íntima y Fidel
decidió visitarla en su casa:

> Recuerdo que la primera vez comimos jamón
> asado con piña y que a él le gustó mucho. Meses
> después, preso él en la Isla de Pinos, yo iba a
> enviarle jamón con piña. Aquella noche nos plan-
> teó que estaba acopiando recursos, armas, para el
> movimiento que estaba gestando. Le dije que
> podía disponer de nuestra casa para hacer reunio-
> nes.

Pero lo que "Naty" no cuenta en ese diálogo
por modestia y delicadeza, quizás, es que ella
donó más de cinco mil pesos, una verdadera
fortuna para la época, con el propósito de que
Fidel comprara muchas de las armas que usa-
rían, después, los asaltantes al Cuartel Moncada.

En esa conversación, "Naty" narra del nacimiento de su segunda criatura, Alina, fruto de esas relaciones extramatrimoniales y de cuando se la llevó a Fidel para que la conociera, en el Hotel Hilton (después Habana Libre), ubicado en La Habana. Entonces la niña tenía tres años cumplidos y recién habían entrado a la capital los revolucionarios barbudos (1959) y su padre no la conocía ni por fotos. Al concluir esa plática, cuando se le pregunta si sigue enamorada de ese hombre contesta: "Quería tener un hijo del hombre a quien admiraba. Fui algo más que la amante de Fidel y la madre de su hija. No fui una loca aventurera. (…) Él comprometió su vida con un proyecto que siempre ha tenido muy claro. Me imagino que ha tenido que tomar decisiones que quizá dolieran mucho. (…) Siempre puso su proyecto revolucionario por encima de su vida personal".

3

Asalto al Cuartel Moncada (26-7-53)

> (…) el poder absoluto es la realización más alta y más completa del ser humano, y por eso resume a la vez toda su grandeza y toda su miseria.
>
> Gabriel García Márquez.

—¡Abran paso al General! —gritó, vestido con el uniforme amarillo, con grados de sargento, de la Guardia Rural batistiana, para pasar sin ser descubierto, el joven asaltante Renato Guitart Rosell, quien había sido designado como el jefe del comando de choque que intentaría entrar por la posta 3 del Cuartel Moncada para dar inicio a las acciones combativas y permitir el paso del resto de los combatientes, en aquella mañana de domingo. Ese sería el lugar seleccionado por los más de 130 jóvenes revolucionarios, en la clandestinidad, dirigidos por Fidel Castro, para irrumpir sorpresivamente y vulnerar la defensa militar para apropiarse de la fortaleza y desatar una rebelión popular nacional que acabara con la dictadura de Fulgencio Batista, quien el 10 de marzo de 1952 había dado un cuartelazo y tomado el poder inconstitucionalmente en la isla.

Eran las 5:20 de la mañana, del 26 de julio de 1953. En el Cuartel Moncada, ubicado en Santiago de Cuba, la parte más oriental de la isla, la rutina del sistema de postas y centinelas por todo el perímetro de la instalación y las entradas secundarias, los flancos y el fondo no auguraban ningún suceso extraordinario. Salvo el cambio de ubicación de una ametralladora *Browning,* calibre 50, para un emplazamiento en el área izquierda del polígono de entrenamiento y algún refuerzo en las garitas con motivo de las fiestas de carnaval, todo era cotidianidad y rutina en la sede del regimiento "Antonio Maceo", considerada la segunda fortaleza militar cubana.

Dentro del recinto, la guarnición, compuesta por 374 hombres del Regimiento "Maceo" y unos 26 del escuadrón N.º 18, de la Guardia Rural (conocidos popularmente como los "casquitos" de Batista), dormitaba profundamente. Muchos sumidos en un sopor mayor que el de costumbre, debido a la bebida consumida en las trochas carnavalescas... era el domingo de Santa Ana, la víspera se había celebrado la fiesta por el santo patrón de la ciudad, Santiago Apóstol.

En la cocina ya empezaba a prepararse el desayuno habitual. El cuartel era un recinto-fortaleza de unos 60 mil metros cuadrados, enclavado en la parte más alta de la ciudad, cuya defensa estaba dirigida, esa noche, por el mayor Rafael Morales Álvarez, pues el jefe del Regimiento "Maceo", el coronel Alberto del Río Chaviano (alias "el Chacal de Oriente") no se encontraba en la unidad. Un imponente muro provisto de aspilleras y un torreón de forma circular en sus cuatro esquinas aislaban a la fortaleza de la monotonía y trasiego citadinos. Sus edificaciones, pintadas de amarillo oscuro, tenían un cuerpo principal en forma de peine, con una fachada paralela al polígono de maniobras, con seis construcciones secundarias separadas por patios interiores abiertos, que se comunicaban al frente, por seis escaleras. Al norte, un edificio para cine teatro y al fondo el club de oficiales. Otras instalaciones auxiliares eran destinadas a las caballerizas y a los servicios de veterinaria.

Momentos antes de que comenzara el tiroteo —que duró aproximadamente unas dos horas y media de manera intensa e ininterrumpida y luego se mantuvo esporádico—, hasta las diez de la mañana, el contingente de 16 automóviles de los jóvenes combatientes se dividió en tres grupos, tomando cada uno sus respectivas direcciones y objetivos: el Hospital Civil Saturnino Lora; el Palacio de Justicia y la posta de guardia del cuartel por donde entrarían, ubicada en un reparto con el paradójico nombre de "Sueño". Pero hubo un contratiempo no planificado que echó por tierra el factor sorpresa: el segundo coche de la caravana de asaltantes, que iba algo rezagado en dirección a la posta 3, chocó contra el contén de la acera y produjo la alarma dando comienzo un cerrado fuego de fusilería y ametralladoras desde dentro del campamento militar hacía afuera y desde varios flancos.

Algunos asaltantes lograron penetrar dentro de la fortaleza, como Renato Guitart Rosell y Pedro Marrero Aizpurúa, que caerían bajo el fuego de la balacera después, pero antes van en busca del arsenal de la fortaleza, con capacidad para unos 3 mil armamentos, según los planos estudiados del edificio, solo que donde antes estaban los pertrechos militares ahora funcionaba la barraca de la banda de música. En la revista *Bohemia*, cuenta la periodista Marta Rojas, una de las cronistas cubanas más entendida de ese episodio, pues se encontraba *in situ* cubriendo las fiestas de carnaval que "Fidel Castro —pegado al muro de la posta tres— dirigía la acción pero, al comprender el fracaso de la operación, ordenó la retirada hacia la Granjita Siboney". Además, había llegado inesperadamente una patrulla de recorrido y un sargento apareció de improviso por una calle lateral, provocando un tiroteo prematuro que alertó a toda la tropa y permitió la rápida movilización del campamento. De ahí que la batalla se entabla fuera del cuartel y se convierte en un combate de posiciones y flancos. Los asaltantes se encontraron en una total desventaja frente a un enemigo superior y el extravío en la ruta de algunos autos, donde iban las mejores armas, hizo que Fidel tomara esa decisión. Al mismo tiempo, la operación contra el cuartel de Bayamo también fracasaba y en el Hospital Civil "Saturnino Lora" los jóvenes asaltantes eran hechos prisioneros y algunos masacrados.

¿ACCIÓN SUICIDA?

Pero, ¿por qué el Cuartel Moncada, de Santiago de Cuba? Había sido seleccionado ese lugar por su importancia militar y su lejanía de La Habana, capital de la isla, lo que dificultaría el envío de refuerzos militares al Ejército Oriental. Además, por su ubicación geográfica: Santiago se encontraba enclavada en la costa sur, junto al mar y rodeado de montañas, lo que —de fracasar la acción de las balas— posibilitaría la huída hacia esos macizos rocosos de la Sierra Maestra para continuar organizando las tropas guerrilleras y seguir la lucha. A ello se articulaba un elemento histórico no menos trascendente: la rebeldía innata del pueblo santiaguero, su participación en las tres guerras independentistas en el siglo XIX y su colaboración en las innumerables insurrecciones populares, en el periodo republicano.

Una vez ocupada la fortaleza del Moncada, los jóvenes rebeldes —entre los que se destacaban el segundo jefe del grupo comando, Abel Santamaría Cuadrado (1927-1953); Boris Luis Santa Coloma (1928-1953); Jesús Montané Oropesa (1923-1999); Renato Guitart Rosell (1927-1953)— tomarían las estaciones de la Policía Nacional, la Policía Marítima y la Marina de Guerra, así como el Palacio de Justicia, acción dirigida por Léster Rodríguez (1927-1998), donde participa Raúl Castro, el Hospital Civil "Saturnino Lora" y una radioemisora desde donde se leería el Manifiesto Revolucionario para darle a conocer a la ciudadanía los objetivos de lucha de las tropas insurrectas y se la exhortaría a incorporarse a la rebelión popular, a través de una huelga general contra el tirano Batista.

Para apuntalar la maniobra militar ofensiva contra el Cuartel Moncada se resolvió tomar, simultáneamente, el cuartel "Carlos Manuel de Céspedes", sede del Regimiento 13 de la Guardia Rural, ubicado en Bayamo, ciudad situada a unos 125 kilómetros al oeste de Santiago de Cuba y que constituía una conveniente conexión de comunicaciones terrestres, para lo que se destinó una tropa de 24 hombres, dirigida por Raúl Martínez Arará y su hermano Mario. Esta acción también incluía la voladura de los puentes sobre el río Cauto, a fin de impedir o dificultar la llegada de refuerzos por tierra para las tropas militares santiagueras, al servicio de Batista.

Los hermanos Martínez Arará, junto al resto de los combatientes, lograron entrar por el fondo del cuartel de Bayamo. El combate duró algo más de una hora. Los asaltantes tuvieron que retirarse por la superioridad numérica y el fuego cruzado de las fuerzas del ejército. Poco después, Mario Martínez Arará logra esconderse en un ómnibus y, delatado por el chofer, es capturado, desarmado y asesinado con un disparo en la cabeza por los esbirros. Raúl, su otro hermano, logra escapar con vida de esa contienda, pero se culpó de la muerte de Mario y no quiso proseguir la lucha, terminando su vida al triunfo revolucionario como otros 26 asaltantes, en desacuerdo con las ideas comunistas y en el exilio estadounidense.

El tercer destacamento, dirigido por Abel Santamaría Cuadrado e integrado por unos 20 hombres y mujeres, tenía como misión tomar el Hospital Civil Saturnino Lora, ubicado frente a una posta clave del Cuartel Moncada, con el propósito de apoyar la operación principal del asalto. Antes de escuchar los disparos, provenientes del recinto militar, ya Abel y su grupo habían tomado la instalación sanitaria, que con una posición estratégica contribuiría, según el plan general, a servir de socorro y apoyo a los heridos en la contienda. Entre los asaltantes de ese grupo se encontraban: el Dr. Mario Muñoz Monroy (que no llevaba armas ni uniforme militar y vestía su bata de médico); Haydée Santamaría Cuadrado, (1922- se suicida el 26 de julio de 1980); Melba Hernández Rodríguez del Rey (1921), Raúl Gómez García (caído en esa acción), entre otros jóvenes.

A las 8:00 a.m., aproximadamente, y debido a su vecindad con el Cuartel, el hospital fue cercado por las tropas batistianas y los refuerzos, por lo que fue imposible la retirada. El grupo decidió quedarse y luchar hasta agotar sus municiones, pues creían que atrayendo hacía ellos a los casquitos batistianos posibilitarían la salida del grupo de acción central que operaba en el Moncada. Tras fallar la maniobra militar y comprendiendo la imposibilidad del repliegue de todos, el Dr. Muñoz Monroy sugiere ocultarse en las salas, camuflados de enfermos, para eludir a los perseguidores. Entonces, cuando se produce la entrada de las tropas del ejército ocurre una delación y son atrapados en las mismas habitaciones. La mayoría son asesinados en el acto o sacados y masacrados en las instalaciones del cuartel.

La operación de asalto se preparaba desde unos tres meses atrás, en absoluto secreto. Además de Fidel, solamente conocían los planes dos integrantes de la dirección del movimiento (tenía dos comités directivos: uno militar, al mando de Fidel y otro civil, encabezado por Abel Santamaría Cuadrado) y un responsable en Santiago de Cuba que era el joven Renato Guitart Rosell; algunos otros percibían que se iba a realizar un combate importante, pero desconocían cuándo y dónde era exactamente. Si bien la organización celular, bajo estrictas medidas de discreción, demostraba cierto profesionalismo al asumir la clandestinidad no tenía experiencias militares, corroborado por esa acción suicida, que desnudaba un plan improvisado, superficial y descabellado, casi una inmolación propia de "estrategas" sin experiencias y de jóvenes bisoños, pero aunque no alcanza sus objetivos logra instalar en la opinión pública nacional e internacional la lucha de un grupo de ciudadanos comunes por derrocar a la tiranía batistiana.

Algunos de estos errores históricos —perpetuados como mitos revolucionarios en una versión oficial y propagandística del posterior gobierno fidelista, que incluso hace de este revés militar una de sus fechas Patrias— desde el punto de vista táctico-militar, subrayan un gran interrogante: cómo se pretendía librar un combate victorioso si solo se contaba con unos escasos rifles, mayormente *Springfield*, comprados de contrabando, algunos fusiles 22 y varias escopetas de caza, calibre 12, con pocas municiones en manos inexpertas y se depositaban las esperanzas de poseer más moderno parque de guerra en la toma del arsenal de los propios "casquitos" de la tiranía. Capítulo aparte merece el poco entrenamiento en el manejo de los pertrechos bélicos, pues los integrantes del grupo de acción habían realizado algunas prácticas en el arme y desarme de fusiles en la Universidad de La Habana y ciertos ejercicios de tiro en el Club de Cazadores del Cerro, ubicado en la capital, y en otros sitios de las provincias habaneras (la Finca "Los Palos"), junto a algunos adiestramientos en un polígono de tiro de la provincia más occidental de la isla: Pinar del Río. De ahí que estos hombres deberían enfrentarse al fuego de fusiles, calibre 30.06 y otras armas modernas, como ametralladoras *Thompson*, en poder del ejército, que tenían, además, un superior conocimiento de ese teatro de operaciones militares por ser su reducto militar.

Parecería un desatino que el propio Fidel, ya entrenado en otras incursiones militares, incluso de mayor envergadura, y con una mirada inteligente para todo lo alusivo a la estrategia de un combate no se percatara, al analizar el plano de ubicación de la fortaleza, que era preciso tomar azoteas de edificios colindantes al Moncada, para poder tener mayor visibilidad del polígono y neutralizar cualquier movimiento o la superioridad bélica, como la de una ametralladora *Thompson*, que terminó interrumpiendo la entrada a la posta 3 y los colocó en desventaja operativa.

Los jóvenes del grupo de acción tenían una composición social heterogénea, como también disímiles eran sus niveles culturales y formaciones ideológicas, pero algo si se destacaba como una singularidad categórica: ninguno tenía vínculos con la politiquería tradicional y fueron capaces de hacer muchos sacrificios con el fin de recaudar fondos para la acción bélica, como por ejemplo, Pedro Marrero Aizpurúa, quien vendió el juego de comedor, el refrigerador y el juego de sala de su hogar y no entregó su cama porque se lo impidieron o Abel Santamaría que empeñó su automóvil para comprar armamentos, por solo poner dos ejemplos de dos jóvenes, que luego fueron masacrados vilmente por los "casquitos". Algunos poseían estudios secundarios y los menos eran universitarios, pero en su gran mayoría no habían concluido el nivel primario y sus extracciones sociales eran muy humildes: los había trabajadores de la construcción, chóferes, mecánicos, dependientes de comercios, contadores, obreros agrícolas, empleados de oficinas, panaderos, textileros, vendedores ambulantes, gastronómicos y hasta lecheros; también estudiantes de ingeniería, de agronomía; de ciencias sociales, graduados de abogados (como Melba Hernández y Fidel); un médico (el Dr. Mario Muñoz), un dentista (Pedro Celestino Aguilera), un graduado en la Escuela Normal de Maestros (el poeta Raúl Gómez García), etc. En su mayoría tenían edades que fluctuaban entre los 20 y los 24 años y se lanzaron a desafiar el peligro sin reparar en las consecuencias, a riesgo incluso de sus propias vidas. Además, el mayor contingente de combatientes (entre 20-30 jóvenes) fue seleccionado de Artemisa, que entonces pertenecía a la provincia de Pinar del Río y eran jóvenes campesinos, seducidos por los discursos políticos de liberación de los organizadores del movimiento y sobre todo de Fidel.

Inmediatamente después del asalto al Moncada, la dictadura batistiana decreta el estado de sitio en la ciudad santiaguera, suspende las garantías constitucionales en todo el país por tres meses, toma prisioneros a muchos dirigentes de partidos políticos de oposición en la ciudad, clausura el periódico *Noticias de Hoy*, órgano del PSP, y aplica una sistemática censura a los medios de la prensa gráfica y radial con el propósito de crear las condiciones para lanzar sus aparatos represivos militares contra la rebeldía popular. El mismo Batista es quien ordena, en una reunión militar, que por cada soldado muerto en combate se liquidarán a diez jóvenes asaltantes y estas palabras fueron casi tomadas al pie de la letra. Ello arroja un saldo final de 52 jóvenes asesinados, muchos de ellos son presentados como si hubieran caído en combate, pero habían quedado prisioneros y, posteriormente, fueron masacrados dentro de la propia fortaleza militar o en sus alrededores; sobrevivieron 32 detenidos y 48 asaltantes lograron escapar. Entre las bajas del ejército de la tiranía pudieron contarse cerca de 19 hombres y 30 los heridos, incluyendo algunos que murieron con posterioridad a la asonada juvenil. Mientras ocurrían estos sucesos, el presidente de facto Fulgencio Batista se encontraba descansando con su familia en las doradas playas de Varadero, en el centro de la isla, dispuesto a entregar los trofeos a los ganadores en las famosas regatas anuales de esa famosa marina, pero debido a la inquietante situación social decide cancelar su participación en la entrega de premios.

UN MARCO DE ÉPOCA NECESARIO

Para tener algunos antecedentes históricos es conveniente discernir que hasta 1952 las principales fuerzas políticas de Cuba se aglutinaban alrededor de los partidos Auténtico, Ortodoxo, Demócrata, Liberal, Republicano y, en menor escala, el Socialista Popular (comunista), aislado políticamente, en plena época del macartismo y bajo la influencia de una feroz campaña de Estados Unidos. Tradicionalmente, los partidos republicanos hacían alianzas con los auténticos y los demócratas y liberales formaban coaliciones, de las que participaba el Partido Acción Unitaria, fundado en los últimos años por el ex cabo dactilógrafo Fulgencio Batista, quien tenía escasas posibilidades de salir electo en elecciones libres y democráticas, pues el representante del Partido del Pueblo Cubano (Ortodoxo) era el principal candidato al triunfo. Por ese motivo se realiza la confabulación militar y un grupo de oficiales descontentos destituyen al presidente constitucional Carlos Prío Socarras y le dan el poder político y militar de la isla a Fulgencio Batista en un golpe de Estado, con ascenso militar meteórico incluido (de cabo a general). Entonces, con el ahora General Batista instalado ilegalmente en la silla presidencial, el abogado Fidel, con grandes aspiraciones políticas demostradas podría intentar tomarse el poder legítimamente por la fuerza y eso fue lo que intentó hacer con la escaramuza del Moncada.

Quizás ello descifre una ilustrativa anécdota, recogida en el libro de Brian Latell, narrada por uno de los más allegados de Fidel en la etapa universitaria, a quien conoció el primer día de clases y con quien, incluso, estudiaba para los exámenes libres, Alfredo "el Chino" Esquivel, que terminó sus días en Miami y todavía recuerda con cierto cariño al líder epopéyico. Esquivel detalla que una noche mientras estudiaban, junto a otros jóvenes, interrumpieron la actividad para descansar y tomar una taza de café en un lugar cercano a la universidad, y que durante la conversación salió el tema de los proyectos personales. Mientras algunos querían llegar a graduarse de abogados, ejercer lo estudiado y hacer fortuna, otros querían ser poetas, casarse y tener muchos hijos. Cuando él le preguntó a Fidel:

—Guajiro, ¿y tú qué?

Inmediatamente, Fidel le respondió con toda la convicción del mundo:

—¡Quiero lograr gloria y fama!

Sin duda, ya desde esos años (mediados del 40'), el guía revolucionario tenía una previsión profética acerca del lucimiento de su provenir, "una sensación arrolladora de ser indispensable", diría Latell... estaba predestinado a convertirse en un hombre de éxito y mucho poder.

PA' LAS MONTAÑAS ME VOY

De regreso a la Granjita Siboney, una finca de recreo que fue alquilada por el grupo comando con la supuesta excusa de criar pollos y estaba situada en las afueras de Santiago de Cuba, lugar que funcionó como cuartel general de la tropa de asaltantes y de donde salieron a la operación ofensiva del Moncada, Fidel —que entre las balas y en el peor momento de la contienda logra ser rescatado por uno de los autos— decide reorganizar la cuadrilla y convence a un grupo de 19 hombres (algunos de ellos heridos en combate y muy agotados físicamente) para partir hacia las montañas. Pero después de una larga marcha, donde tuvieron que evadir muchos retenes militares y operativos de rastreo, son sorprendidos durmiendo en una casucha campesina —un varentierra donde se guardaba el palmiche para los animales, cerca de la carretera de Santiago a Siboney, en la zona de la Gran Piedra— por una patrulla batistiana, al mando del respetable y ético segundo teniente Pedro Sarriá Tartabull, un negro militar que integraba una logia masónica, quien a pesar de las órdenes de matar, mantiene un comportamiento excepcional y les respeta la vida a los jóvenes llegando, incluso, a gritarles a sus subordinados: "No disparen, las ideas no se matan". Este, al conocer la identidad y responsabilidad máxima en el ataque de uno de sus prisioneros, se encarga de llevarle personalmente al Vivac, una cárcel civil camino de la ciudad, donde los prisioneros estaban allí bajo la jurisdicción de los tribunales, evitando de esa manera que el líder revolucionario fuera asesinado o desaparecido.

Acerca de este suceso, el octogenario caudillo ha relatado en su entrevista a Ignacio Ramonet:

> ...recuerdo que, antes de despertarme totalmente —había dormido cuatro o cinco horas— siento un ruido, algo parecido a los cascos de un caballo en lenta marcha e, instantes después, le dan un fuerte golpe a la puerta, la abren de un culatazo, y nos despertamos con los cañones de los fusiles de los soldados pegados al pecho. Así caímos, de esa manera tan tristemente ingloriosa, sorprendidos, capturados y atados con las manos a la espalda, en cuestión de segundos.

El lunes 27 de julio, después de cesado el último disparo del combate en el cuartel, en la isla se adoptaron medidas extremas de precaución en todos los mandos militares y el coronel Del Río Chaviano, gobernador militar de Santiago de Cuba invitó a los periodistas a recorrer las instalaciones de la fortaleza para que "comprobaran" con sus propios ojos la magnitud de la contienda. Según el cronista del diario *Avance* de la época:

> A la vista de todos se ofreció un espectáculo dantesco. Los reporteros contamos tirados sobre el patio del cuartel y los alrededores del mismo 33 cadáveres de asaltantes y 15 de miembros del Ejército que defendieron el establecimiento militar. Casi todos los cadáveres tenían la cabeza destrozada, como si hubieran sido alcanzados por balas explosivas o disparos a boca de jarro, desde muy cerca. El coronel Chaviano informó, además, que habían 29 heridos, casi todos militares (también hubo víctimas civiles), algunos de

Durante los sucesos del Cuartel Moncada, Fidel es hecho
prisionero e interrogado en el Vivac, en Santiago de Cuba.

ellos con lesiones mortales, recluidos en distintos
centros benéficos de la ciudad.

Los medios santiagueros se hacen eco, el 31
de julio, de que el doctor Baudilio (Bilito) Cas-
tellano, abogado de oficio de la Audiencia de
Oriente y amigo de Fidel, asumía la defensa de
todos los combatientes del Moncada, detenidos
hasta ese momento. Dicho abogado se había
presentado en el Vivac, donde se entrevistó con
los detenidos, incluyendo a Raúl Castro, hecho
prisionero en el poblado Dos Caminos, y a las
participantes mujeres del asalto, Haydée Santamaría y Melba Hernández, también remitidas
allí junto a otro pequeño grupo de jóvenes combatientes, entre los que se encontraban: Jesús
Montané, Juan Almeida Bosque, Israel Tápanes,
etc. También ese día se conoció que los jóvenes
insurrectos estaban excluidos de toda fianza y se
ratificó la prisión de todos bajo la Causa N.º 37,

abierta por el asalto al Cuartel Moncada y radicada en el Tribunal de Urgencia, de la Ciudad de Santiago de Cuba, donde serían juzgados 18 jóvenes asaltantes.

Debido a las voces de protesta de políticos, religiosos y algunos militares de honor por la matanza realizada, en Santiago de Cuba comenzaron las gestiones que hicieron familiares y amigos de los jóvenes "moncadistas" para que fueran juzgados cuanto antes y evitar sus asesinatos en las cárceles de la provincia. Así, el Cardenal Manuel Arteaga (1941-1963), primera figura de la Iglesia católica en la isla, llamó desde La Habana al Arzobispo de Santiago de Cuba, monseñor Enrique Pérez Serantes (1883-1968) para que garantizara la vida del líder revolucionario y los demás combatientes que se encontraban escondidos o en prisión. El monseñor tomó especial interés en el caso, en tanto era muy amigo de Ángel Castro, el padre de Fidel, y oriundo de la misma zona de España. De esta manera el Arzobispo de Santiago de Cuba le envía al Coronel Del Río Chaviano una carta, fechada el 30 de julio de 1953, en la que expresa:

> Gustoso me brindo a ir en busca de los fugitivos que atacaron el Cuartel Moncada, (...) y agradezco mucho a Usted las facilidades que me dé para lograr el noble propósito que a Usted y a mí nos anima en este caso. Asimismo, agradezco las garantías que a los fugitivos y a mí nos brinde Usted para llevar a vías de hecho el nobilísimo fin de que aquellos depongan las armas y vuelvan a la normalidad, llevando la tranquilidad a sus desolados hogares y a toda la familia cubana, que está sufriendo preocupada por la suerte de estos muchachos y por la tranquilidad de la República.

Foto del expediente policial de Fidel, cuando era procesado
por los sucesos del Moncada..

También sirvió, y mucho, la amistad que el progenitor del líder revolucionario Ángel Castro tenía con el presidente Fulgencio Batista, pues ambos habían trabajado como peones en los campos de caña de azúcar de la provincia oriental.

En una valoración sobre la trascendencia del asalto, el escritor y profesional de la inteligencia norteamericana Brian Latell, ha dicho en su libro *Después de Fidel*:

> El enfrentamiento de ese día simbolizó la fuente mítica de la Revolución Cubana. Fue el crisol que legitimó todo el proceso revolucionario que siguió, y los 'moncadistas' han sido desde entonces los héroes nacionales más reverenciados de Cuba, comparables solo con José Martí y los mambises del siglo XIX.

Sin duda, este trágico suceso fue uno de los grandes claroscuros que cincelaron para marcar —a hierro y fuego— la historia de la lucha insurreccional en la isla del Caribe.

Juicio del Moncada (septiembre-octubre, 1953)

> Señores magistrados: Nunca un abogado ha tenido que ejercer su oficio en tan difíciles condiciones: nunca contra un acusado se había cometido tal cúmulo de abrumadoras irregularidades. Uno y otro, son en este caso la misma persona. Como abogado, no he podido ni tan siquiera ver el sumario y, como acusado, hace hoy setenta y seis días que estoy encerrado en una celda solitaria, total y absolutamente incomunicado, por

encima de todas las prescripciones humanas y legales.

Quien está hablando aborrece con toda su alma la vanidad pueril y no están ni su ánimo ni su temperamento para poses de tribuno ni sensacionalismo de ninguna índole. Si he tenido que asumir mi propia defensa ante este tribunal se debe a dos motivos: uno, porque prácticamente se me privó de ella por completo; otro, porque solo quien haya sido herido tan hondo, y haya visto tan desamparada la Patria y envilecida la Justicia puede hablar en una ocasión como esta con palabras que sean sangre del corazón y entrañas de la verdad...

Así comenzó Fidel Castro su alegato de autodefensa por el juicio que se le seguía por los asaltos a los cuarteles "Moncada" y "Carlos Manuel de Céspedes", en Santiago de Cuba.

Casi a punto de corroborar el adagio español que reza: "Si lo dejan hablar no lo condenan" y haciendo uso de sus poderes persuasivos innatos, Fidel, en su condición de egresado de la Facultad de Derecho, solicita al tribunal asumir su defensa lo cual era una norma común y legal en la jurisprudencia cubana de entonces. Es así que, vistiendo una toga de abogado, que le prestaron y ya como parte del estrado de los juristas, con posibilidades de interrogar a sus compañeros asaltantes, a los dirigentes de los partidos de oposición, a los militares, a los peritos balísticos y médicos forenses, el líder revolucionario sigue siendo la figura protagónica de todo y pasa de acusado a acusador, asumiendo su propia defensa por la autoría y dirección de los sucesos, que se le imputaban en la Causa N.º 37, durante la mañana del 16 de octubre de 1953, en la Sala de

Estudios de las Enfermeras del Hospital Civil Saturnino Lora, en Santiago de Cuba.

Ya en las dos sesiones iniciales del juicio, ocurridas días antes, el 21 de septiembre de 1953, en el Edificio de la Audiencia o Palacio de Justicia, el líder había comparecido en calidad de principal acusado, como jefe del movimiento revolucionario, que luego sería autodenominado como de la "Generación del Centenario", en alusión a la conmemoración del centenario del nacimiento de José Martí, el apóstol nacional y luchador de las gestas independentistas cubanas, del siglo XIX. Ese primer día, todos los acusados llegan esposados a la sala de justicia y el joven líder exclama enérgicamente en son de protesta y de manera histriónica:

—¡Señor presidente, señores magistrados, quiero llamarles la atención sobre un hecho insólito! ¿Qué garantías puede haber en este juicio? Ni a los peores criminales se les mantiene en una sala que pretenda ser de justicia en estas condiciones. No se puede juzgar a nadie así, esposado.

Entonces, el tribunal se ve obligado a ordenar que se les retiraran las esposas al acusado y a sus compañeros.

En ese primer interrogatorio, el Fiscal preguntó a Fidel que con qué prestigio y autoridad contaba él para creer que una ciudadanía entera se le incorporaría a su llamado a la sublevación nacional y más un pueblo tan descreído y tantas veces traicionado como el de Cuba. El abogado Fidel Castro le contradijo con sarcasmo al responderle:

> ...con el prestigio con que contaba el abogadito Carlos Manuel de Céspedes cuando el Grito de Yara; con el mismo prestigio que contaba el

mulato arriero Antonio Maceo cuando se alzó en la manigua redentora, que entonces no era el Maceo de Baraguá, ni el Maceo de la invasión, ni el Maceo que pudo predecir que era peligroso contraer deudas de gratitud con un vecino tan poderoso.

A partir de ese momento y ya en pleno juicio, el joven revolucionario se encargará de acusar al régimen de Batista de la eliminación física extrajudicial de muchos asaltantes y la tortura de sus compañeros detenidos. Todo el tiempo se volvía un acusador muy incómodo y la tiranía toma la decisión de no presentarlo a juicio, bajo la excusa de una inventada enfermedad. Viendo la repercusión de esa medida, entonces el gobierno de facto decide presentarlo nuevamente, pero ya en un escenario más íntimo, con la asistencia de muy pocos testigos para restarle repercusión mediática a la autodefensa fidelista: la pequeña salita de enfermeras del Hospital Civil Saturnino Lora, en la ciudad santiaguera. Entonces, Fidel lanza su conocida y marketinera defensa, que trascendería bajo el título de *La Historia me absolverá*, alegato que, posteriormente, se convierte en manifiesto táctico del nuevo movimiento revolucionario, que surgía a la sazón, planteado como pretexto programático de los primeros años de la Revolución triunfante.

Durante esas sesiones, la periodista Marta Rojas sería una testigo de excepción de ese proceso y recogería para la historia un documento periodístico de singular trascendencia política. Sobre el tema explicaría, muchos años después, en una entrevista concedida al periódico *Granma Internacional* (28, julio de 2003):

Me empeñé en ir al juicio y fui, me ayudó Bilito
Castellanos, quien actuaba como abogado defensor. Presté atención a todo, en especial a Fidel y
los demás revolucionarios y, al contrario de otros
colegas mucho más avezados que yo, no me
perdí ni una sola de las vistas y lo anoté todo. El
primer día del juicio fue un momento definitorio.
Lo que allí se dijo no dejaba margen a la duda.
Para mí era como si los mambises hubieran
regresado. Vino después el alegato de Fidel. Allí
estaba expuesto un programa de hondas raíces
martianas que prefiguraba el gran cambio. Me
dije: si esto se cumple, Cuba ya no será la
misma, pero creyendo que era una quimera inal-
canzable.

Más que un juicio-condena a los 'moncadistas', el proceso del Moncada se fue convirtiendo
en una audiencia donde se enumeraban con
carácter sancionatorio los desmanes del tirano
Batista, (...) un gobierno —que al decir de Fidel, en aquella salita— representaba

un retroceso en todos los órdenes de veinte años
para Cuba. Todo el mundo ha tenido que pagar
bien caro su regreso, pero principalmente las
clases humildes que están pasando hambre y
miseria, mientras la dictadura que ha arruinado al
país con la conmoción, la ineptitud y la zozobra,
se dedica a la más repugnante politiquería (...).

De ahí que el principal proscrito esbozara
una serie de medidas o leyes que aspiraba a
llevar a la práctica con el apoyo ciudadano,
cuando tomara el poder (transformaciones en la
agroindustria y el régimen de propiedad de la
tierra, desarrollo de la educación, la salud, el

empleo y la vivienda en la isla, etc.). Batista, en vez de eliminar al enemigo, con su subestimación lo hizo más fuerte dándole proyección nacional e internacional al movimiento de jóvenes revolucionarios ubicándoles un poco más cerca de su llegada al poder.

Durante su alegato, Fidel no quería dejar de mencionar al héroe José Martí ("el autor intelectual de la acción", según sus propias palabras). Por ello, avivando sus alegorías políticas, afirma:

> Parecía que el Apóstol iba a morir en el año de su centenario, que su memoria se extinguiría para siempre, ¡tanta era la afrenta! Pero vive, no ha muerto, su pueblo es rebelde, su pueblo es digno, su pueblo es fiel a su recuerdo; hay cubanos que han caído defendiendo sus doctrinas, (...) para que él siga viviendo en el alma de la Patria. ¡Cuba, qué sería de ti si hubieras dejado morir a tu Apóstol!

Antes de concluir, en la penúltima vista del juicio su defensa política, que luego se convertiría en uno de los documentos de culto del pensamiento y la acción revolucionarias en Cuba, en un manifiesto programático de justificación legal, moral, filosófica y política de la lucha revolucionaria contra la tiranía, preanunció con cierto tono teatral:

> (…) en cuanto a mí, sé que la cárcel será dura como no la ha sido nunca para nadie, preñada de amenazas, de ruin y cobarde ensañamiento, pero no le temo, como no temo la furia del tirano miserable que arrancó la vida a setenta hermanos

míos. Condenadme, no importa, la Historia me absolverá.

El juicio del Moncada terminó el 16 de octubre de 1953 con un veredicto condenatorio para Fidel Castro y el resto de los jóvenes combatientes: 15 años para el organizador y artífice principal; 13 años de prisión para Raúl Castro, junto a otros tres asaltantes y condenas de entre 10 y 3 años para otros 23 integrantes del movimiento que sobrevivieron, en "dependencia" del rol jugado en la acción militar y hasta 7 meses (como fue el caso de las dos mujeres participantes en la asonada).

4

Presidio Modelo (1953-55): el agua por todas partes

> Todo hombre paga su grandeza con muchas
> pequeñeces, su victoria con muchas derrotas, su
> riqueza con múltiples quiebras.
>
> Giovanni Papini.

A fines de 1953, los 'moncadistas' que habían sido enjuiciados y permanecían ya privados de su libertad en la Prisión Provincial de Oriente, conocida como cárcel de Boniato, ubicada en la región más oriental de la isla, fueron expatriados, casi deportados para el llamado "Presidio Modelo", en la Isla de Pinos (hoy Isla de la Juventud), la mayor del Archipiélago de los Canarreos, antiguo refugio de corsarios y piratas, de enterramientos de tesoros; una pequeña porción de territorio nacional de unos 3.061 kilómetros cuadrados de superficie, al suroeste de Cuba, a dos horas de viaje marítimo fuera de las costas insulares, a unos 120 kilómetros de travesía desde ese puerto habanero.

Siempre se ha advertido, con mucho tino, que las islas son los parajes idóneos para las prisiones, porque a la fortaleza de los hierros del confinamiento se añade aquello que el escritor cubano Virgilio Piñera (1912-1979), en su mítico poema "La isla en peso", dio en llamar: "las malditas circunstancias del agua por todas partes". Así, cualquier intento de huida no termina con trasponer los límites del encierro terrestre, sino que impone toda una aventura tenebrosa adicional en el mar y la posibilidad del ataque de los tiburones. Quizás por ello el "Presidio Modelo", fue edificado allí, a comienzos de la década del 30', en total incomunicación.

La cárcel estaba asentada a unos cuatro kilómetros de Nueva Gerona, la capital y centro administrativo de la Isla de Pinos, entre las casuarinas, los sembradíos citrícolas, las canteras de piedras, las aguas bicarbonatadas, magnésicas y termales y las playas de arenas negras, por la acción erosiva del mar sobre las rocas del mármol. Se buscaba seguir aislando a la célula revolucionaria, imposibilitarla de realizar su propio crecimiento y organización territorial y un terruño de arrecifes coralinos fuera de la isla era el lugar que el poder de turno pensó conveniente.

El recinto penitenciario —dirigido, en esa época, por el Comandante Juan Capote Fiallo, Jefe del Escuadrón de la Guardia Rural de ese municipio— era famoso ya en Cuba por su carácter de extrema seguridad para el confinamiento, su construcción circular, panóptica y sin privacidad interna. Era una especie de sitio de convivencia obligatoria —a ojos vistas— entre reos y celadores, que vigilaban sempiternamente todas las horas del día desde una torre central, en la mitad de las circulares.

Aun así, la historia de los 22 meses de cárcel para los jóvenes, autodenominados de la "Generación del Centenario", encabezados por

Fidel, antes de la posibilidad cierta de una amnistía, estuvo caracterizada por un régimen de aislamiento, pues se les imposibilitaba trabajar en el reclusorio para que no tuvieran contacto con el resto de la otra población carcelaria, pero no llevaban una existencia de parálisis y molicie, pues no había tiempo que perder. De ahí que continuaron su preparación ideológica y hasta trazaron una estrategia organizativa, con la elaboración de una táctica definitiva de lucha, después de analizar los errores cometidos en el asalto. A partir de ese instante, no hubo la menor duda: era preciso encauzar un proceso de unificación de las fuerzas opositoras al régimen batistiano englobadas en torno a la figura de Fidel Castro, a la vez que preparar la batalla revolucionaria por la vía armada.

Como formuló Raúl Castro en un artículo publicado, en ocasión del 30 aniversario del Asalto al Moncada, en la revista *Verde Olivo*, órgano de las Fuerzas Armadas Revolucionarias (FAR):

> Cuando los dirigentes revolucionarios salimos de prisión, en 1955, ya existía una estrategia de lucha elaborada.

LA PRISIÓN FECUNDA

Testimonio de esa etapa organizativa y de preparación política fue la creación, durante el cautiverio, de la Academia Ideológica Abel Santamaría, donde se impartían clases a los jóvenes revolucionarios presos que tenían menor nivel educacional y la fundación de la Biblioteca Raúl Gómez García, que llegó a tener más de

El autor del libro, durante una visita al Presidio Modelo,
(hoy museo), en la Isla de la Juventud.

600 títulos, gracias al envío de libros donados por familiares y amistades de los jóvenes asaltantes. Sobre esas actividades diría el 'moncadista' Ernesto Tizol Aguilera (1929-1984):

> Nuestra estrategia en la prisión era no perder un solo momento en la preparación política, cultural e ideológica, para estar más aptos cuando reiniciáramos la lucha, una vez fuera de la cárcel.

En la soledad de uno de los 465 cubículos del penal circular, Fidel reconstruye su alegato de autodefensa en el juicio por el asalto al Moncada y lo escribe en secreto con zumo de limón en pequeñas hojas, que fueron sacadas clandestinamente fuera del presidio, reproducidas y distribuidas por las pequeñas células revolucionarias que seguían operando en las ciudades, que tenían como misión seguir formando una conciencia crítica sobre la tiranía batistiana y divulgar la necesidad de luchar por un cambio social. En ese quehacer, la dedicación de Melba Hernández y Haydée Santamaría fue decisiva, pues ellas contribuyen a estructurar todo el documento, una vez reconstruido por su autor, realizan la primera edición clandestina y lo distribuyen como texto en todo el país, una vez cumplidas sus condenas por su participación en la gesta moncadista.

De esa manera, la ciudadanía pudo leer el programa revolucionario, que fue una esclarecedora contra-propaganda a las falsedades divulgadas por el gobierno de Batista en sus medios de difusión afines. En esa labor divulgativa también participaron nuevas figuras de las bases y los jefes de células de la nueva organización revolucionaria que se gestaba, a quien llamaban

El Movimiento y luego adquiriría otro nombre más alegórico: Movimiento 26 de Julio (M-26-7). Entre ellos se destacaría, además, el maestro bautista Frank País García (1934-1957), del partido Acción Revolucionaria Oriental (ARO), quien posteriormente se convertiría en el arquitecto de la guerrilla urbana del Movimiento, en la clandestinidad y después, en 1956, fue designado Jefe de Acción y Sabotaje del M-26-7, en todo el país. "David", que así era su seudónimo de guerra, dirigiría, el 30 de noviembre de 1956, el levantamiento armado en Santiago de Cuba, en apoyo del desembarco del yate Granma, donde llegarían, procedentes de México, Fidel y un grupo de guerrilleros para instalarse en la Sierra Maestra.

Al filo del mediodía del 12 de febrero de 1954 estaba planeada una visita al Presidio Modelo, que encabezaría el General Fulgencio Batista. El presidente de facto llegó acompañado de una gran comitiva, entre la que se encontraban los ministros de Gobernación y el de Salubridad, sus ayudantes, varios coroneles y mucha prensa y luego de recorrer los campos de cultivo y los aserraderos de mármol, donde trabajaban los reclusos, se encaminó a las circulares para conocer *in situ* las condiciones de vida de los reos. Se cuenta que tan pronto entró la comitiva se escuchó una voz muy fuerte que gritó en un lenguaje típicamente cubano entre los barrotes de una de las celdas:

—¡Batista, negro hijo de puta!

Y comenzaron a sonar los jarros y las cucharas contra las rejas, en señal de protesta y agravio, junto a otros improperios de tono más encendidos contra el primer mandatario. Posteriormente, los jóvenes revolucionarios entonaron las estrofas de la Marcha del 26 de julio que habían sido escritas, en días previos a la acción combativa del Moncada, por Agustín Díaz Cartaya, un aficionado a la música y la composición; era un acto de valentía, expresión de lucha y repudio al tirano. El General optó por pararse y escuchar con atención porque, en un inicio creyó que era un agasajo de los prisioneros, pero cuando dio oídos a la letra del himno le cambió el rostro y puso cara de decepción marchándose muy malhumorado.

Detrás de sí y hasta la salida del penal continúo escuchando las fuertes voces que entonaban las estrofas del cántico a toda voz: "Adelante cubanos / que Cuba premiará vuestro heroísmo / pues somos soldados / que vamos a la Patria liberar, limpiando con fuego, que arrase con esa plaga infernal de gobernantes indeseables y de tiranos insaciables que a Cuba han hundido en el mar".

El director del recinto carcelario, Capote Fiallo le recriminó a Fidel el episodio y le tildó de cobarde, recordándole su compromiso personal ante las autoridades del penal de no promover altercados e indisciplinas durante la visita presidencial y el líder terminó disculpándose, pues según versiones —como la del periodista cubano exiliado, Antonio Llano Montes, quien escribió un libro, intitulado: *La vida inútil de un periodista*— Fidel gozaba de ciertos privilegios en el recinto, como tener en su celda radio, biblioteca, leer los periódicos, una cocina para preparar sus alimentos (pues alegaba que le querían envenenar), una cantina —enviada directamente y a diario de la casa de Jesús Montané Oropesa, un compañero de la asonada revolucionaria, cuya familia vivía en Isla de

Pinos— y hasta la posibilidad de visitas conyugales de alguna que otra amante y salidas al cine, acompañado del teniente Montesinos, que cumplía órdenes del director de la prisión.

Las consecuencias por ese acto valeroso contra el tirano Batista no se hicieron esperar: muchos de los combatientes fueron aislados en el pabellón de enfermos mentales durante más de 15 días; el autor de la letra y la música del himno sufrió varias sesiones de castigos; al tiempo que Fidel fue incomunicado definitivamente de sus compañeros.

A pesar de ello, en el libro de marras, Antonio Llano Montes cuenta una anécdota sorprendente, que desnuda de cierta manera la manifiesta relación entre Fidel y el director de la cárcel, el Comandante Capote Fiallo —quien meses después del triunfo revolucionario, el 1 de mayo de 1959 es fusilado por los tribunales de urgencia en un juicio sumarísimo y breve, bajos las órdenes del guerrillero argentino-cubano Ernesto Che Guevara, en la Fortaleza de La Cabaña, después de permitírsele asistir a la fiesta de 15 años de su hija, con dos custodios—. Rememora Llano Montes, que actualmente trabaja como comentarista político para Radio Mambí, una emisora anticastrista de Miami, en Estados Unidos, que en una ocasión se encontró en una ferretería de Campos, de la Isla de Pinos con el jefe del penal y le pidió que le dejara ver a Fidel, pues eran muy amigos de la universidad y dicho narrador militaba aún en el Partido Ortodoxo y estudiaba la carrera de Ciencias Sociales, Políticas y Económicas. Capote Fiallo le permitió el encuentro al día siguiente en su oficina.

Al llegar Fidel lo menos que esperaba era que yo estuviera allí con Capote, me dio un abrazo y le dije:

—Fidel, guajiro, yo le pedí a Capote que me dejara verte y aquí estoy gracias a su bondad.

Capote lo invitó a sentarse en su sillón del escritorio y nos dejó solos, pues él tenía que ocuparse de otras cosas. Solamente había una escolta a una distancia prudente. Hablamos durante una hora y media y al cabo de ese tiempo apareció Capote y le dijo:

—Fidel, les van a traer el almuerzo de mi casa, lo puedes comer con confianza.

A los pocos minutos llegó el asistente del jefe con varias bandejas con frijoles colorados, arroz, carne con papas, coco rallado y una cerveza para cada uno. Capote cogió un tenedor en sus manos y le dijo a Castro: ¿de qué parte de la comida quieres que yo coma?, y las probó todas.

—Esto es para que no creas que te quieren envenenar, si quieres puedes cambiar tus platos con los de Llano.

Cuando terminamos de comer, Capote sacó unos tabacos H. Hupmann y se los regaló a Fidel. La sobremesa duró más de una hora, cuando llegó el Jefe de Orden Interior Perico Rodríguez y se llevó a Fidel a su celda.

A la sazón, en pleno año 1955, sectores de la ciudadanía cubana, la iglesia y la política opositora libraban una batalla para que se liberaran a todos los presos políticos en la isla. Y aunque en un inicio se hablaba de no incluir a los jóvenes 'moncadistas' en esa amnistía, se crea un Comité de padres de algunos de ellos, con un movimiento popular en su entorno, que

denuncia al gobierno de facto y publica varias
solicitudes en medios nacionales reclamando la
liberación de todos los prisioneros de conciencia. Por su parte, Fidel —sabedor ya de la
importancia de la propaganda revolucionaria
para mantener vivo el espíritu de rebeldía estudiantil y del pueblo, desde dentro de la cárcel—
se vale de muchas influencias y amigos periodistas para publicar varios artículos y cartas escla-
recedoras de su lucha, en revistas como
Bohemia, uno de los medios más importantes
nacionales por su larga tradición periodística: el
periódico *La palabra* y la emisora radial *Onda
Hispano-cubana*, entre otros.

De esta manera, el 27 de marzo de ese año,
la revista *Bohemia* publica una carta enviada por
Fidel a su entonces amigo, el político ortodoxo
Luis Conte Agüero —quien terminó sus días en
el exilio estadounidense, disgustado con el
rumbo comunista del régimen cubano— bajo el
título de "Carta sobre la amnistía", en la cual el
futuro caudillo expresa una serie de ideas que
aún hoy, pasados 50 años del poder revolucionario, mantiene su total vigencia y puede ser apli-
cable a la actual situación de la isla:

> Habrá amnistía cuando haya paz. ¿Con qué mo-
> ral pueden hacer semejante planteamiento hom-
> bres que se han pasado tres años pregonando que
> dieron un golpe de Estado para traer la paz a la
> República? Entonces no hay paz; el golpe de
> Estado no trajo la paz; por tanto el gobierno re-
> conoce su mentira después de tres años de dicta-
> dura; confiesa al fin que falta la paz en Cuba
> desde el mismo día que asaltaron el poder.
> "La mejor prueba de que no existe dicta-
> dura es que no hay presos políticos", dijeron

durante muchos meses; hoy que la cárcel y el exilio están repletos no pueden, pues, decir que vivimos en un régimen democrático-constitucional. Sus propias palabras los condenan. (…); sin el 10 de marzo no hubiera sido necesario el combate del 26 julio y ningún cubano estaría sufriendo la prisión política. Nosotros no somos perturbadores de oficio, ni ciegos partidarios de la violencia si la Patria mejor que anhelamos se puede realizar con las armas de la razón y la inteligencia. Ningún pueblo seguiría al grupo de aventureros que pretendiese sumir al país en una contienda civil, allí donde la injusticia no predominase (…).

La presión de la opinión pública y la movilización popular obligó al gobierno de facto a buscar soluciones rápidas. De ahí que no demoraran en lanzar una especie de indulto, pero solo para los asaltantes del Moncada, si había un compromiso explícito de acatamiento y reconocimiento del gobierno en el poder. Fidel y el resto de los combatientes descubren la maniobra divisionista y se oponen a salir en libertad si esa amnistía no alcanzaba a todos los presos políticos de las prisiones cubanas. Entonces, el congresista por la provincia de Pinar del Río y famoso periodista Juan Amador Rodríguez — primo hermano de mi padre, quien al triunfo de la guerrilla fidelista abandona el país con rumbo a Estados Unidos— presenta una Ley de Amnistía General para todos los presos (la 113, dictada en 53 años de República), que es aprobada por la Cámara de Representantes el 2 de mayo de 1955. Dicha norma tiene sentencia senatorial, al día siguiente, y es firmada por Fulgencio Batista, el 6 de mayo.

LIBERTAD DE LUCHA Y DEBER

A las 11 de la mañana del 15 de mayo de 1955, se abrió la puerta principal del Presidio Modelo y empezaron a salir los primeros 'moncadistas'. En el segundo grupo se encontraban Fidel, Raúl Castro, Agustín Díaz Cartaya, Armando Mestre, Juan Almeida Bosque, entre otros. A partir de ese instante, clarea una nueva etapa de reorganización cualitativa y cuantitativa de la organización revolucionaria, una nueva vertebración: se pasaba a un plano superior materializado en la incorporación de nuevos luchadores, provenientes de otros movimientos de lucha y acción, que ya simpatizaban con las propuestas del Movimiento.

A pesar del júbilo también hubo voces opuestas a la amnistía concedida a los combatientes revolucionarios, que juzgaban que un indulto significaba un gesto de pacificación y confraternidad y los integrantes del Movimiento, con Fidel como guía, habían declarado insistentemente, desde la prisión, que saldrían en libertad para continuar la gesta iniciada en el Moncada. Entre los contrarios a la medida de perdón se encontraba el congresista republicano Rafael Díaz-Balart, cuñado de Fidel y batistiano en cuerpo y alma.

Durante la travesía marítima entre Nueva Gerona y el Golfo de Batabanó, en La Habana, el ferry "El Pinero", que trasladó a las excarcelados (la Generación del Centenario), fue el escenario de una reunión, junto a los botes salvavidas en la proa del buque, donde se ultimaron los detalles para organizar definitivamente el M-26-7, que termina de constituirse oficialmente cuando el 12 de junio, en la capital de la isla, es

definida su Dirección Nacional, encabezada por
Fidel, quien orientó, entre otras tareas, el reclutamiento de hombres y fondos que garantizaran la
expedición que traería a Cuba a la avanzada
rebelde y daría inicio a la lucha definitiva y
sistemática contra el régimen golpista.

El recibimiento ciudadano a los 'moncadistas', que tuvo lugar en la Estación Terminal de
Ferrocarriles, en La Habana, donde el líder fue
sacado en hombros por una ventanilla del vagón
de pasajeros, permitía predecir los nuevos tiempos que se avecinaban.

5

Exilio, desembarco y Sierra Maestra (1955-1958)

(…) solamente se puede llegar sobre el fracaso de otros.

Ernesto Che Guevara.

Después de la salida de la cárcel de los asaltantes sus movimientos en la isla eran seguidos constantemente por la tiranía y sus aparatos represivos. Por ello sus vidas corrían un grave peligro, en tanto Batista no cejaba en su empeño de verlos exterminados a todos para arrancar de cuajo la semilla de la rebeldía nacional en su contra que se había comenzado a instalar en la ciudadanía cubana.

De esa manera, los hostigamientos y amenazas de muerte eran sistemáticos. Raúl Castro es el primero que se ve obligado a salir al exilio en México, el 24 de junio de 1955, acusado injustamente de colocar un artefacto dinamitero en el cine Tosca, en el barrio capitalino de la Víbora, cuando en realidad se encontraba en Oriente. Es Fidel quien le advierte, en tono sobreprotector:

—Tienes que salir del país.

Desde los meses de encierro en el Presidio
Modelo, los jóvenes rebeldes habían ideado
organizar en México el regreso armado a la isla.
El plan consistía en preparar un destacamento
para continuar la lucha en Cuba y derrocar a la
tiranía realizando una profunda revolución
social. Para llevar adelante tamaña empresa eran
necesarias armas, provisiones, ropas, entrenamiento militar en el manejo de la lucha irregular
de guerrilla, recolectar dinero entre simpatizan-
tes y un medio de transporte que propiciara el
regreso a la Patria. Entonces la consigna era:
"En 1956, seremos libres o mártires".

México, desde mediados de la década del
20', había sido refugio seguro y hospitalario de
muchos revolucionarios cubanos. Desde el destacado luchador Julio Antonio Mella (1903-
1929), fundador del Partido Comunista de Cuba,
quien fuera asesinado por la espalda en la propia
ciudad por sicarios a sueldo del dictador cubano
Gerardo Machado, hasta el ex presidente Ramón
Grau San Martín y sus seguidores que llegaron
huyendo de la persecución de la primera dictadura de Batista. Siempre los cubanos obtuvieron
la cobija del gobierno mexicano, desde los tiempos de la presidencia del querido dirigente
Lázaro Cárdenas. El también comunista e intelectual cubano, creador de la Universidad
Popular "José Martí", Juan Marinello Vidaurreta
(1898-1977) encontró su segunda patria en esa
tierra. Con la segunda dictadura de Batista y sus
conocidas persecuciones y ataques reapareció el
fenómeno de la huida hacia México, Estados
Unidos, Costa Rica y Guatemala (hasta el golpe
contrarrevolucionario, en contubernio con la
United Fruit, la CIA y el dictador Trujillo, contra
Jacobo Árbenz (1913-1961), quien estaba ha-

ciendo reformas muy progresistas en esa nación). En esa época se ven obligados a afrontar las severidades de la lejanía de la Patria y la familia y los hostigamientos de la dictadura insular y sus secuaces, políticos cubanos, como José Pardo Llada (periodista y dirigente del Partido Ortodoxo) y Roberto Agramonte; periodistas como Mario Kuchilán; el político y diplomático cubano Raúl Roa García (1907-1982) y la lista sería interminable.

Batista apelaba, en el exterior, a métodos conocidos como mover dinero e influencias, utilizar gángsteres para asesinatos, que luego aparecieran como vendettas y hasta a sobornar periódicos para realizar campañas difamatorias. En México sobresalió por su hostilidad y ojeriza a los emigrados cubanos, el general Miguel Molinar, jefe policíaco del Distrito Federal (DF) y algunas organizaciones mercenarias entregadas al dictador insular, que siempre operaron tras bambalinas.

"MÉXICO LINDO Y QUERIDO…"

La situación se puso tan difícil en la isla que Fidel, también, se vio obligado a marchar al exilio mexicano el 7 de julio de 1955, con una visa de turista en el bolsillo. Se había propuesto traer una expedición y levantar en armas al pueblo cubano, quien según sus dichos debía ser "el principal artífice de la gesta libertaria".

Laurita Bosques Manjarrez, hija del embajador de México en La Habana, en ese periodo, Gilberto Bosques Saldívar (1892-1995), escribió un artículo titulado: "El duro oficio del exilio",

(*La Jornada*, Michoacán, México, 19-10-2008), en el que rememora:

> Muy diferente fue el exilio de Fidel Castro y sus compañeros de lucha. Fue un exilio corto, dinámico, intenso, batallador (…). El embajador mexicano Gilberto Bosques recordó en sus memorias (...) sus encuentros con Fidel Castro, desde su salida de la cárcel: 'En las conversaciones que sostuve con él en la embajada, me exponía sus planes que me parecían irrealizables por lo audaces e idealistas'. El embajador alcanzó a enterarse de que 'los aparatos represivos del gobierno batistiano organizaban varios atentados para matar a Fidel Castro. La embajada tenía muy buena información y por ella nos enterábamos ampliamente'. Bosques se acercó a Fidel para persuadirlo del peligro que le acechaba y la necesidad de salir al exilio. El 'orisha protector', en la creencia popular afrocubana, fue esta vez un diplomático mexicano de ejecutoria revolucionaria y humanista bien acendrada. Entre ellos se anudó una sólida y duradera empatía...

Cabe anotar que el embajador Gilberto Bosques Saldívar fue llamado con justicia el "Schindler mexicano" por su papel altruista: facilitó visas de salida para salvar a casi 20.000 republicanos españoles que huían de Francia tras la Guerra Civil y a miles de judíos que eludían los campos de concentración implantados por el fascismo hitleriano.

De regreso a la historia de Fidel, los revolucionarios debieron comenzar una labor organizativa clandestina en el exilio evadiendo los acosos del gobierno mexicano, de los agentes del FBI estadounidense y del mando militar batistiano y sus sicarios a sueldo, que habían empezado a constituir grupos paramilitares y no dudaban que Fidel cumpliría su promesa de organizar una expedición y lograr la victoria revolucionaria.

En 1955, Fidel Castro realiza un recorrido por los Estados Unidos, en compañía del revolucionario Juan Manuel Márquez, con el fin de vincular a los emigrantes cubanos al M-26-7 y, a la vez, buscar su colaboración para crear un fondo económico para la organización. Entonces, durante un acto en el Hotel Palm Garden en Nueva York, él expresa ante los cubanos exiliados allí que "Cuba desea ardientemente un cambio radical en todos los terrenos de la vida pública y social. Hay que darle al pueblo algo más que libertad y democracia en términos abstractos".

A México comenzaron a llegar los sobrevivientes del Moncada; se incorporaron otros estudiantes cubanos y hasta algunos extranjeros, como el médico argentino Ernesto "Che" Guevara de la Serna (1928-1967), quien ya tenía amistad con Antonio "Ñico" López Fernández (1930-1956), uno de los ex combatientes del asalto al Cuartel de Bayamo, que consigue escapar del país con destino a Guatemala y luego ambos recobran contactos en México. López será quien le presente a Guevara a Raúl Castro y este le habla a Fidel sobre su existencia.

> Raúl va para México —relata Fidel, en una entrevista concedida a Ignacio Ramonet— y allí conoce al Che por intermedio de nuestros compañeros que ya estaban allí. (…) Bueno, aún no era el Che, era Ernesto Guevara, pero como los argentinos les dicen a los demás: '¡Che!', los cubanos comenzaron a llamarlo 'Che', y así se le

fue conociendo. (…) Él mismo cuenta que nuestro encuentro tuvo lugar una noche, en julio de 1955, en la calle Emparan, de la capital de México, en la casa de una cubana, María Antonia González. Nada tiene de extraño su simpatía, si él ha viajado por América del Sur, ha visto lo de Guatemala, ha sido testigo de la intervención norteamericana, sabe de nuestra lucha en Cuba, sabe cómo pensamos. Llegamos, conversé con él, hubo mucha coincidencia de ideas y allí mismo se unió a nosotros.

Sobre ese encuentro, ocurrido en la casa de una amiga común: la cubana María Antonia González, el 9 o el 12 de julio de 1955 (los biógrafos no se ponen de acuerdo), entre Ernesto Guevara, entonces un médico de la Universidad de Buenos Aires, que llega de recorrer el continente con su asma a cuestas y Fidel, un abogado recién salido de la cárcel cubana, confesará Guevara, posteriormente, al periodista argentino Jorge Ricardo Masetti, en la Sierra Maestra, en abril de 1958: "Charlé con Fidel toda una noche. Y, al amanecer, ya era el médico de su futura expedición. (…). En sus Notas del Segundo Diario de Viaje diría: "Es un acontecimiento político el haber conocido a Fidel Castro, el revolucionario cubano. Es joven, inteligente, seguro de sí y de una audacia extraordinaria: creo que hemos simpatizado mutuamente".

El emergente movimiento revolucionario cubano, en el exilio mexicano, inicia su preparación en el primer semestre de 1956, una vez que Fidel ha logrado convencer para que entrene a todo el grupo al general español Alberto Bayo Girot —camagüeyano de nacimiento, que había luchado en Marruecos en el Ejército del Aire y después combatido en la Guerra Civil Española y vivía exiliado en México, dedicado a la venta de muebles en el DF y a dar clases en una escuela de mecánicos de aviación militar.

Bayo Girot concibe un amplio plan de entrenamiento de táctica para que los combatientes estuvieran aptos física y militarmente y desarrollaran cualidades de orden y disciplina, que demandaría la futura lucha. De ahí que les imparte clases teóricas de lógica militar, prácticas de tiro, realizan largas caminatas en condiciones irregulares del terreno. Los escenarios donde se desarrollaron todos esos programas de adiestramientos fueron desde los campamentos, ubicados en las calles Isabel la Católica; Xicontencalt; Bolívar; el Rancho Santa Rosa, en Chalco, situado en los límites de la ciudad, donde había una producción de leche y queso de chiva que contribuía a enmascarar el sitio de adiestramiento; en una pequeña casa enclavada en un pueblito llamado Boca de Río, cercano a la desembocadura del Río Jalapa y en sus áreas boscosas colindantes y hasta en el campo público de tiro *Los Gamitos*.

> Allí, en México —ha relatado Fidel— nosotros practicábamos tiro en un campo próximo al DF. Era propiedad de un antiguo compañero de Pancho Villa, y se lo habíamos alquilado. Disponíamos al desembarcar (se refiere con el yate Granma en la playa Las Coloradas) de 55 fusiles con mirilla telescópica (...) pues la mirilla te proporciona una gran precisión. Hacíamos cientos de disparos.

Mientras tenían lugar los entrenamientos militares, el cabecilla revolucionario se movía mucho por toda la ciudad, atendía las tareas de organización, adquisición de armas y asistía a muchos cócteles nocturnos en mansiones donde se buscaba el apoyo para la causa revolucionaria cubana y la entrega de donativos monetarios para la compra de los pertrechos de guerra.

Precisamente, fue durante una de esas reuniones organizativas nocturnas en la casa de la colaboradora cubana, María Antonia González, en Emparan 49, en plena colonia tabacalera en el DF —quien hizo de su vivienda un refugio de los revolucionarios— en la que Fidel (quien por entonces usaba el seudónimo de "Alejandro") cae preso, un 20 de junio de 1956, debido a un operativo llevado adelante por los Agentes de la Federal de Seguridad, a los que les resulta sospechoso el movimiento de varios jóvenes que parecían contrabandistas por la manera tan sigilosa en que se movían. Para entonces, Batista tenía el apoyo por soborno de la Policía Secreta mexicana y hasta existían planes de secuestro de los jóvenes revolucionarios y su guía. Por ese motivo, tenían por costumbre desplazarse por separado siguiéndose los unos a los otros y a cierta distancia. Esa noche, detrás del líder, pero por la acera de enfrente, con la misión de protegerlo iban Ramiro Valdés Menéndez (1932) y Universo Sánchez, también participantes del asalto al Moncada, quienes también cayeron presos.

Fidel llevaba en ese momento, como él mismo ha contado, una pistola automática española con un peine de 25 balas, pero fue sorprendido y no pudo usar el arma. Los tres jóvenes son llevados para la Estación Migratoria de la Secretaría de Gobernación y debido a un papel encontrado con una dirección en uno de los bolsillos de uno de ellos, empieza la investigación. El

21 son detenidos María Antonia González y Juan Almeida Bosque (1927), otro de los asaltantes, y el 24 son capturados trece compañeros y llevados a la prisión Miguel Schultz N.º 27, en la colonia San Rafael entre ellos: el Che, Ciro Redondo y Calixto García, que se encontraban en el rancho Santa Rosa, donde son decomisadas, además, varias decenas de armas.

El juez decreta la liberación bajo régimen de vigilancia a la mayoría de los detenidos del grupo, el 9 de julio. Las presiones realizadas por la Federación Estudiantil Universitaria (FEU) que emite un comunicado en la isla, en el que denuncia que la detención de Fidel "obedece a un plan fraguado y financiado por la dictadura, en contubernio con determinados funcionarios mexicanos, para frustrar el movimiento revolucionario cubano"; las manifestaciones juveniles frente a la embajada de México, en La Habana, y la intervención y preocupación por los cubanos ante el Presidente de la Nación mexicana, Adolfo Ruiz Cortines, del General de la revolución, Lázaro Cárdenas (1895-1970), quien había sido presidente constitucional del país entre 1934 y 1940, surten efecto y son excarcelados 20 de los jóvenes detenidos, que quedan obligados a acudir cada semana a firmar el libro de la Policía Federal de Seguridad.

En tanto, Fidel estuvo preso durante dos meses, hasta su liberación el 24 de julio de 1956; los últimos en salir de la cárcel fueron Guevara, que en uno de los interrogatorios se declara comunista, complicando su situación y Calixto García, que estaba indocumentado. Al final, y tras 57 días en la cárcel, por medio de un soborno logran sacarlos de la prisión Miguel Schultz N.º 27.

El Che Guevara en la cárcel junto a Fidel Castro.

HISTORIA DE AMOR Y DESAMOR

Justamente, durante ese periodo de casi 60 días de cautiverio en la cárcel de DF, Fidel conoce a uno de sus grandes amores, casi por azares del destino. Ella era Isabel Custodio, una hermosa valenciana, de ojos grandes y sonrisa fácil, que vivía junto a sus padres españoles en el exilio mexicano. Posteriormente, ella se dedica a dirigir *Fem*, una de las revistas feministas más antiguas de Latinoamérica y publica un libro bajo el sugestivo título de: "El amor nos absolverá", en franca alusión a la famosa frase pronunciada por él, en su manifiesto de autodefensa, durante el juicio del Moncada.

En ese momento, Isabel estudiaba Filosofía y Letras y le gustaba discutir de política con la misma pasión con la que hablaba de vestidos de moda. Ella cuenta que había ido a la prisión, acompañando a su amigo el fotógrafo Néstor

Almendros, exiliado español, quien debía hacerles unas fotos a unos cubanos que estaban detenidos para una nota de un medio local. "Ahí estaba él, era el más alto de todos. Yo no me detuve a mirar, pero él sí. Minutos después mi amigo me diría que uno de los cubanos había preguntado por mí. Se llama Fidel, dijo que te vas a casar con él", ha relatado Isabel. A los pocos días, aquel hombre enamoradizo, de trajes y corbatas imposibles, que se duchaba poco, que apenas dormía y tenía un bigotito minúsculo, llama a su puerta e inicia una amistad que concluye en romance febril de nueve meses y llega hasta proponerle matrimonio, con anillo incluido.

"Me sorprendió que la mayoría no tenía idea de marxismo, excepto el Che. A Fidel no le escuché hablar de comunismo; hablaba de ideales, de libertad, de un mundo mejor. Era un encantador, te envolvía con las palabras", dice quien justo antes de la boda se negó a formalizar su matrimonio con Fidel. Ambos anunciaron su compromiso en una fiesta de revolucionarios y alta sociedad, pero posteriormente ella canceló la ceremonia, pues "era muy joven y tenía muchas presiones", se ha excusado sin hablar francamente de la razón al diario *La Prensa*, de Nicaragua (16-11-2008). Siempre se ha especulado con que después de aquel rechazo nuestro joven revolucionario, desencantado por la mala puntería de su flecha de Cupido, juró no enamorarse nunca más. Aunque la historia real y objetiva, como se verá después, parece desmentir tal promesa.

Algunos allegados al círculo íntimo del caudillo cubano han señalado en conversaciones privadas, posteriormente, que una de las características de Fidel en sus relaciones con las mujeres es que les exige que estén tan interesadas en

la política y la revolución cubanas como él
mismo. Y ello constituye un verdadero obstáculo
comunicativo.

El yate Granma (1956): odisea ultramarina

Aquel grupo de jóvenes rebeldes, después
de los sucesos de la prisión, rechazaban seguir
enfrentando un largo destierro, a la espera de
mejores condiciones para el regreso a la Patria.
Así, entre los meses de agosto y noviembre de
1956, Fidel recibe la visita de varias figuras
importantes de la lucha clandestina isleña para
concordar estrategias de apoyo a la futura expedición. El primero en llegar, el 10 de agosto, fue
el jefe de Acción y Sabotaje del Movimiento 26
de Julio, Frank País, quien se entrevista con el
líder y recibe instrucciones. Entre el 29 y 30 de
agosto se produce, en México, el encuentro entre
Fidel y el líder estudiantil cubano José Antonio
Echeverría, presidente del Directorio Revolucionario Estudiantil (DRE) y de la FEU, asociaciones que agrupaban a los elementos más combativos del estudiantado cubano. El encuentro
concluye con la firma de la llamada "Carta de
México", un documento de 19 puntos en que se
concreta el común objetivo de estas fuerzas:
"(…) unir sólidamente los esfuerzos con en el
propósito de derrocar la tiranía y llevar a cabo la
Revolución Cubana".
En dicha reunión, realizada en una casa de la
calle Pachuco, esquina a Marqués, en Ciudad de
México, se acuerda, además, abogar por la táctica
de "golpear arriba", que se iniciaría con la ejecución de personeros de la dictadura y oficiales
policiales de alto rango, en Cuba, y realizar

acciones de agitación para provocar el desmoronamiento del régimen. Algunas fuentes cuentan que a la llegada a México de José Antonio lo esperaban René Anillo Capote (1932-2005), Faure Chomón, Joe Westbrook (1937-1957) y Fructuoso Rodríguez (1933-1957), todos de la FEU y el Directorio y ya resultaba evidente la rivalidad entre el DRE y Fidel, quien al recibir al dirigente universitario y toda su cuadrilla despliega todas sus dotes de seducción personal. Ello no impidió que José Antonio comentara, en tono desconfiado, a un compañero:

—¿No estará surgiendo un nuevo Batista?

Según palabras, en la década del 80', a la revista juvenil cubana *Somos Jóvenes*, del doctor Juan Nuiry Sánchez, quien también era miembro de la dirección de la FEU en aquel entonces, luego de firmarse la Carta, el 30 de agosto, el pliego llegó a Cuba escondido en los zapatos de René Anillo Capote, "pues era muy importante que el acuerdo firmado se conociera de inmediato en la prensa cubana. La Carta fue publicada el lunes 2 de septiembre y tuvo un efecto detonador, pues salió íntegramente en importantes diarios de la época, entre ellos *El Mundo*, que señaló en un titular: "Alianza de Fidel Castro con la FEU en México".

En tanto, el 6 de octubre de ese año tiene lugar en Cuba una reunión de la Dirección Nacional del M-26-7 con los responsables por provincias de la agrupación para discutir los planes de apoyo al desembarco de la futura expedición, que ya estaba definida. Se intentaba consolidar las bases sociales en las principales ciudades de la isla, principalmente en los ámbitos estudiantiles, donde operaba el Directorio 13 de Marzo y el PSP. Aunque algunos de estos líderes procuraron retrasar el arribo a la isla del grupo expedicionario, pues consideraban que las condiciones de orden material aún no estaban dadas, Fidel defiende el criterio de la imposibilidad de aplazar el plan y perfila el desembarco para antes de que concluya el año 1956 solicitando colaboración de los grupos clandestinos en toda Cuba para cuando dicha acción se produjera.

A partir de ese momento y de acuerdo con los exiguos recursos financieros de que se disponían, ya el caudillo había comenzado a buscar una embarcación, cuya compra no fuera muy costosa, con el propósito de llevar adelante la expedición a Cuba para comenzar la insurrección armada contra Batista, prometida a la ciudadanía cubana.

El 10 de octubre de 1956, el "Cuate", como Fidel había bautizado a su amigo mexicano y cercano colaborador, Antonio del Conde, un extraordinario conocedor de armamento, dueño de un taller y una armería en la capital, es el encargado —para enmascarar la operación— de realizar la adquisición del yate "Granma" (apócope en inglés de "abuela", *grandmother*), según consta en la escritura inicial de compraventa, certificada esa fecha.

El yate (eslora de 13,25 metros, manga de 4,76 metros, puntal de 2,40 metros, tonelaje bruto de 54,88, tonelaje neto 39,23 y una potencia de 225 c/c), había sido visto desde el mes de septiembre; su casco estaba fabricado de madera, poseía dos motores de aceite de una sola cubierta, no tenía mástil y su proa era inclinada, con popa recta. Su construcción databa de 1943 y estaba inscrito en la nómina de navegación del puerto de Tuxpan, como yate de recreo para travesía de altura.

A partir de la adquisición de la embarcación, propiedad del norteamericano residente en México Robert Erickson, a un costo de 50 mil pesos mexicanos, los jóvenes rebeldes desplegaron un intenso trabajo para ponerla en óptimas condiciones de navegación, pues se quería salir con destino a la isla a finales de noviembre, de 1956. Por tal motivo, la nave no quedó todo lo idónea que se precisaba para tamaña travesía.

El 21 de octubre, Fidel vivirá uno de los acontecimientos más amargos de su existencia, cuando se entera de la muerte de su padre, producto de una caída en el baño que le provocó una hernia estrangulada y un infarto, dos horas después. No puede viajar a la isla a despedirse de él, pues se encontraba preparando la expedición armada, 41 días antes de la partida.

A mediados de noviembre de 1956, se hospeda en el hotel Mi Ranchito, cerca de Abasolo, Tamaulipas, donde monta su cuartel general y trabaja para adelantar la fecha de la partida de la expedición, pues la situación se tornaba cada día más compleja. Debido a la deserción de dos integrantes del grupo revolucionario, quienes abandonan una guardia nocturna en el campamento y roban un auto para irse a Estados Unidos, a la requisa policial de parte de las armas en una casa de seguridad en Lomas de Chapultepec, al ofrecimiento de una recompensa monetaria a quien diera información sobre los futuros expedicionarios cubanos y las informaciones recibidas sobre nuevas acciones que se perpetrarían contra los guerrilleros, se decide adelantar la ida.

En una casa ubicada en Santiago de la Peña, en la ciudad de Tuxpan, el puerto veracruzano, la noche del 24 de noviembre se fueron concentrando las provisiones y armas para el viaje y los revolucionarios que participarían en la travesía naval. Para entonces, los pertrechos de guerra, adquiridos en Estados Unidos y México, (55 fusiles *Johnson* con mirilla telescópica, fusiles *Garand* y varias sub-ametralladoras *Thompson*) habían llegado transportados en varias pipas de PEMEX, la única empresa que puede explotar el petróleo en ese país; se dice que facilitadas por el general Lázaro Cárdenas, quien simpatizaba con el Movimiento.

El domingo 25 de noviembre, en la noche, se desató un mal tiempo y costó conseguir el permiso de salida para 10 personas, rumbo a la Isla de Lobos, para una supuesta pesquería. En total zarparían a la mar, 82 expedicionarios, en un yate pequeño con solo capacidad para apenas 15 o 20, con un camarote con dos literas y un pañol para marinero. Fidel le había dicho resueltamente a "El Cuate":

—Si usted arregla ese barco, en ese nos vamos a Cuba.

Travesía y desembarco
(25 de noviembre-2 de diciembre de 1956)

En medio de la lluvia, a la 1:30 horas de la madrugada, salió el yate Granma proa a la isla, por órdenes de Fidel, concluyendo la etapa preparatoria en México y dando inicio a la gran aventura revolucionaria que culminaría el 1 de enero de 1959. Navegan con las luces apagadas, amontonados unos encima de los otros, por el río Tuxpan, hasta salir al Golfo, donde comienzan los vientos fuertes, a batir las olas y se originan bandazos en la embarcación que provocan mareos y vómitos en muchos combatientes. En la mañana del 29 divisan dos naves sospechosas y el futuro Comandante, ordena prepararse para el combate, pero era una falsa alarma: los dos buques pesqueros siguen indiferentes su ruta.

Durante la tarde del 30 de noviembre, escuchan por la radio del yate que se había iniciado el levantamiento en Santiago de Cuba, pues esa era la fecha en que se esperaba el desembarco. Fallaba uno de los soportes principales del plan táctico guerrillero consistente en distraer las fuerzas militares de Batista con un levantamiento de integrantes de las redes urbanas clandestinas del M-26-7 en Santiago de Cuba, para facilitar el desembarco de los expedicionarios, mientras algunos guías campesinos aguardarían a los recién llegados para conducirlos rumbo a las estribaciones de la Sierra Maestra.

Para entonces ya los mandos militares batistianos, con el general Pedro Rodríguez a la cabeza, habían hecho circular la descripción del barco, con instrucciones para su captura. Pero el Granma se acercaba a su destino y la impaciencia devoraba a sus ocupantes que no podían ni dormir; empezaban a agotarse las pocas reservas de agua y víveres y el combustible estaba por gastarse. Roque y Mejía, piloto y timonel respectivamente, se turnaban en la cabina del yate, oteando en la cerrazón de la noche los chispazos del faro de Cabo Cruz y terminan enfilando por el canal de Niquero.

Sobre el tema, el Comandante de la Revolución Juan Almeida Bosque ha recordado en su libro *Presidio, exilio y desembarco* cómo Fidel el 1 de diciembre convocó en el centro del yate a los jóvenes José Smith y Raúl Castro, los designó capitanes y leyó los nombres de los hombres que conformarían las escuadras, el armamento que llevarían, y el orden de marcha de cada pelotón. Entonces, se repartieron los uniformes y los hombres se cambiaron de ropa; ya se estaba muy cerca de las costas cubanas.

Sin advertirlo y desorientados pasan el mencionado faro sin saber dónde se encuentran. Lógicamente, el sobrepeso, la caída de un vigía al agua y su rescate, la descompostura de un motor, una pequeña maniobra de achique debido a una entrada de agua y las pésimas condiciones atmosféricas imposibilitan que el Granma realice su derrotero en el tiempo previsto de cinco días; a una velocidad promedio de siete nudos llegan en siete días. Fidel ordena desembarcar en Los Cayuelos, a dos kilómetros de la playa Las Coloradas, pero el yate encalla en un banco de arena, a las 6:50 horas, del 2 de diciembre; se adelanta, entonces, la incursión. Para más infortunios, el bote auxiliar destinado a transportar las armas y las escasas provisiones se hunde por el peso y los rebeldes, con el agua al cuello y por más de un kilómetro, deben cargar sus propias mochilas y pertrechos, entre mangles, fango, marabú, mosquitos, pantanos y un calor infernal, bajo el asedio de dos aviones enemigos, que intentan descubrir cualquier movimiento sospechoso costero.

El Estado Mayor del Ejército batistiano ejecutaba, desde el 5 de noviembre, la localización de cualquier embarcación. La aviación batistiana realizaba vuelos de reconocimiento por la zona oriental de Cuba. En la percepción de la dictadura estaba ya implícito el desasosiego a enfrentarse a lo inminente: una guerra de guerrillas en las montañas de la Sierra Maestra.

El Granma encalló en un banco de arena, a las 6:50 horas, del 2 de diciembre. Para más infortunios, el bote auxiliar destinado a transportar las armas y las escasas provisiones se hundió por el peso y los rebeldes, durante casi un kilómetro de agua, debieron cargar sus propias mochilas y pertrechos entre mangles y fango bajo el asedio de dos aviones enemigos.

Con la pérdida de diversos pertrechos y las magulladuras, incluso, de varios expedicionarios, el impúber Ejército Rebelde logra pisar tierra firme, después de varias horas de vagar a ciegas. Los combatientes llegan extenuados de la travesía marítima y el desembarco terrestre. Al encontrar al primer campesino, Ángel Pérez, que se asusta por la aparición sorprendente de aquellos hombres armados, vestidos de verde olivo, el principal dirigente de la expedición le pone la mano en el hombro y le apunta:

— ¡Yo soy Fidel Castro! ¡Estos compañeros y yo venimos a liberar a Cuba!

"AHORA SI GANAMOS LA GUERRA" (1957-58)

Al amanecer del 5 de diciembre, los expedicionarios marchaban hacía las montañas y en Alegría de Pío, un montecito cercano a las costas al Sur de Oriente, tiene lugar el primer encuentro con las tropas enemigas, en momentos en los cuales el agotamiento, las malas condiciones del terreno y la falta de alimentos dificultaban el avance. Entonces, deciden acampar en un campo de caña para dormir y recuperar fuerzas; alrededor de las cuatro de la mañana, de manera sorpresiva, aviones de caza del ejército comienzan a abrir fuego y a volar de manera rasante. Los soldados batistianos muy cerca ya del lugar incendian el cañaveral para obligar a salir a los guerrilleros. En el lugar mueren tres expedicionarios, dos en combate y un herido que es después apresado y asesinado por los casquitos. También el Che Guevara, que en ese momento tenía un fuerte ataque de asma, es herido en el cuello y la tropa se dispersa en franca huida. Durante esa persecución de varias semanas son asesinados 18 jóvenes, que habían caído prisioneros en un inicio, y otros 21 son encarcelados, por las protestas de repudio popular para evitar sus muertes, que tienen lugar en la ciudad de Santiago de Cuba.

Ha rememorado, en una de sus crónicas de guerra, el historiador cubano William Gálvez, quien formaba parte de la tropa y fue nombrado en 1958 primer capitán del Ejército Rebelde, que a poco de iniciarse el combate, el jefe de la tropa enemiga conmina a la rendición y entre el tableteo de las ametralladoras batistianas, calibre 50, de los aviones y el fuego cerrado de las tropas de infantería cercanas, se escuchó la voz del guerrillero Juan Almeida Bosques que gritó, en buen cubano:

— ¡Aquí no se rinde nadie, cojones!,

Sobre ese duro golpe militar, el propio Fidel evaluará, durante un discurso realizado el 26 de julio de 1973, que "aplicando un método de guerra ajustado al terreno, a los medios propios y a la superioridad técnica y numérica del enemigo, los derrotamos en 25 meses de guerra, no sin sufrir inicialmente el durísimo revés de la Alegría de Pío, que redujo nuestra fuerza a siete hombres armados, con los que reiniciamos la lucha".

El día 6 de noviembre, la prensa cubana informa el exterminio de la expedición, dirigida por Fidel y de su muerte, en Alegría de Pío. Era la segunda ocasión que anunciaba al mundo —sin evidencias firmes— la misma noticia.

Posteriormente, en la madrugada del 18 de diciembre, Raúl con cinco hombres armados se reencuentra con Fidel y suman siete a la tropa, iniciándose el proceso de reorganización del Ejército Rebelde. Ante el júbilo, el líder guerrillero exclama a su hermano menor:

—Vienen con sus uniformes, con sus armas y sus fusiles. ¡Ahora, sí ganamos la guerra!

Ante tanto optimismo, Raúl comenta a René Rodríguez, otro combatiente de su escuadra:

—Me parece que mi hermano se ha vuelto loco…

Al final de todo ese peregrinaje logran reunirse todos los sobrevivientes, entre ellos: Efigenio Ameijeiras, Ciro Redondo, René Rodríguez, Armando Rodríguez, Juan Almeida, Ernesto Guevara, Camilo Cienfuegos, Ramiro Valdés, Reynaldo Benítez y Rafael Chao y muchos campesinos de la serranía comienzan a sumarse a la gesta revolucionaria, como Guillermo García, junto a otros grupos de jóvenes de todo el país que se suman a la guerrilla en la Sierra Maestra o son enviados por las células clandestinas del M-26-7, que operaban en las ciudades cubanas.

Así entre combates fuertes y pequeñas escaramuzas (léase la toma del pequeño cuartel de La Plata; los Llanos del Infierno de Palma Mocha; el ataque al Cuartel de Uvero, en plena costa, que según el Che "termina la fase nómada de la guerrilla", etc.), los revolucionarios fueron ganando en experiencia bélica, conociendo mejor el escenario de operaciones militares y llegaron a constituir un ejército de alrededor de 800 combatientes con los que comenzaron la invasión en todo el país, frente a los más de 70 mil guardias de la tiranía batistiana, mejor equipados, preparados militarmente y alimentados. Por momentos la guerrilla elude a las tropas enemigas y aplica la táctica del "muerde y huye" con el interés de asestar fuertes golpes a las tropas batistianas. Fidel, autoerigido en Comandante en Jefe de las fuerzas revolucionarias, fue nombrando progresivamente y en la medida de sus valoraciones personales, a un grupo de comandantes, entre los que se ubicaron su hermano Raúl, los legendarios "Che" Guevara y Camilo Cienfuegos, Huber Matos y Juan Almeida Bosque.

Ya en la entrevista, ofrecida en los terrenos de la finca "El Chorro", en las inmediaciones de la Sierra Maestra, al afamado reportero Herbert Matthews, enviado del *The New York Times* el 17 de febrero de 1957, con el propósito de desmentir su muerte y demostrar que se encontraba combatiendo al frente de un destacamento guerrillero contra Batista, Fidel expresa convencido:

Con el fin de desmentir su muerte y de demostrar que estaba combatiendo a la dictadura de Batista, concedió una entrevista a Herbert Matthews, periodista del *The New York Times*.

Puedo asegurar que no tenemos animosidad contra los Estados Unidos y el pueblo norteamericano (esto lo dice en alusión a que dicho país suministraba a Batista las bazookas, morteros, ametralladoras, aviones y bombas que se utilizaban contra la tropa guerrillera) sobre todo, estamos luchando por una Cuba democrática y por la conclusión de la dictadura. No somos antiimperialistas; por eso es que dejamos libres a los soldados prisioneros. No tenemos odio contra el ejército porque sabemos que hay buenos hombres, incluyendo a muchos oficiales. Batista tiene tres mil soldados en el campo contra nosotros. No le diré cuántos contamos por razones obvias. Trabajan en columnas de doscientos; nosotros en grupos de diez a cuarenta y estamos triunfando. Es la batalla contra el tiempo y el tiempo está de nuestro lado.

Las autoridades de prensa del gobierno de facto tildaron públicamente, entonces, al reportero norteamericano de mentiroso y este publicó la prueba para demostrar su honestidad: una foto junto a Fidel en las montañas orientales que dio la vuelta al mundo; el ridículo del régimen batistiano no tuvo límites.

Dos años cruciales en la Sierra y las ciudades

Los años 1957 y 58' fueron muy duros para las tropas insurgentes, en la región oriental, que debieron sortear el acoso de la artillería y los bombardeos de la aviación del gobierno. Una disciplina militar se impuso dentro del naciente Ejército Rebelde: el trato afable con los habitantes de la zona, el pago por lo consumido, el respeto a las mujeres, la ayuda a los agricultores, el cuidado de los animales de los campesinos, la prohibición severa de hablar en voz alta y solo susurrar al conversar, pues cualquier ruido innecesario era castigado, en tanto podía alertar al enemigo, y la máxima de que al guerrillero que se le escapara un tiro de su arma era sancionado a estar un día completo sin comida. Por esa época se instituyeron en la Sierra Maestra los célebres juicios sumarísimos de tribunales militares guerrilleros con la pena de muerte por fusilamiento para delatores e indisciplinas, que la dirección rebelde consideraba imperdonables, como asesinato, robo, bandidaje o violación. Fidel tenía tanto protagonismo que hasta se veía obligado a escuchar y mediar entre los matrimonios campesinos mal llevados e incluso a inter-

En Sierra Maestra, en febrero de 1958.

venir cuando se presentaban conflictos por los límites de las propiedades en la montaña.

Los campesinos serranos debido al respeto a sus fincas, a las prédicas libertarias de Fidel, que prometía entregarles las tierras en propiedad y a la organizada vida de los insurgentes comenzaron a mirar con mejores ojos a los guerrilleros. Además, se empezaron a sumar apoyos de grupos urbanos revolucionarios quienes recaudaban dinero, ropa, material bélico, alimentos y múltiples equipos que llegaban secretamente a la Sierra, donde fueron levantados pequeños puestos médicos y hasta un hospital, escuelas, rudimentos de una vida económica como huertas, panadería, fábrica de uniformes guerrilleros, mochilas y hasta un lugar para hacer y reparar zapatos.

Testimonios de numerosos combatientes sobre la vida en la guerrilla coinciden en afirmar que aunque la comida era escasa se repartía a partes iguales, sin privilegios y cuando llegaban nuevos víveres (léase salchichas en lata, leche en polvo, arroz, frijoles) se distribuía equitativamente entre las diferentes escuadras y esa mercancía debía durar hasta la llegada de la ciudad del siguiente cargamento. Así, era obligación de cada combatiente administrar la latería que le correspondía y transportarla; en tanto el arroz, los frijoles y la carne se cocinaban para todos los miembros de las escuadras. En general, la comida era poca y mal condimentada; no se podía aspirar a otra cosa en una guerra.

Raúl A. Chibás y Ribas (1916-2002), hermano del fallecido líder del Partido Ortodoxo, convivió con las fuerzas guerrilleras unos tres meses, (a partir de junio de 1957), hasta recibir la misión de bajar a la ciudad y dirigir desde la clandestinidad la recaudación de fondos para la lucha armada. Él ha contado en una de sus crónicas, titulada: *Mi primer viaje a la Sierra Maestra* (http://www.partidortodoxo.org), que por costumbre todas las pertenencias guerrilleras eran transportadas en la mochila: una hamaca para dormir, la frazada para las bajas temperaturas de las noches serranas, un *nylon* para los días de lluvia, la cantimplora para paliar la escasez de agua y acopiar el vital líquido en los ríos y pequeñas charcas, que se encontraban al paso de la imparable marcha de las tropas. Esas pertenencias, junto al armamento, era el equipo indispensable para sobrevivir. Se poseía una sola muda de ropa, la puesta, que se mojaba y secaba al calor del cuerpo.

Dicho político cubano, quien en agosto de 1960 se marchó al exilio estadounidense por descontentos con la política fidelista, rememora que estando a orillas de un afluente del río Magdalena, en un lugar apacible y delicioso de la Sierra, fue que pudieron pasar el primer fin de semana sin tener que marchar:

> Sin muchas esperanzas de que se realizara nuestro deseo le comunicamos a Fidel Castro que ese lugar placentero era ideal para un buen *weekend* y vimos convertido en realidad lo que queríamos. (...)También fue allí donde nos bañamos por primera vez en una poceta lo suficiente profunda para permitirnos nadar en ella. Le contamos a Fidel Castro la agradable experiencia y este decidió también ir a nadar en dicha poceta. El comentario de todos los compañeros del Granma fue de asombro y aseguraron que era el primer baño de Castro desde su desembarco en Cuba. Camilo Cienfuegos pasó por donde nosotros

estábamos acampados y nos preguntó por Fidel
Castro y cuando le dijimos que estaba bañán-
dose en el río, sorprendido exclamó: ahora sí
estoy seguro de que se cae Batista.

En tanto, el ritmo de las acciones urbanas
del Movimiento 26-7 y otras organizaciones
juveniles se mantiene e incluye desde atentados
y sabotajes hasta secuestros, como el del famoso
corredor de autos argentino Juan Manuel Fangio
(1911-1995), de visita en la isla, operación que
persiguió publicitar la existencia del Movimiento o la sonada "noche de las cien bombas",
que explotan coordinadamente en la ciudad capitalina. Se intentaba poner en jaque a la dictadura
y contribuir a llevar la confrontación a nivel
nacional, cooperando con los guerrilleros.

Una de las acciones de mayor repercusión
nacional ocurrió el 13 de marzo de 1957, dirigida por José Antonio Echeverría, conocido por
"El Gordo", quien se desempeñaba como secretario general del Directorio Revolucionario
Estudiantil (DRE) y la FEU. El asalto al Palacio
Presidencial, ubicado en La Habana, tenía por
objetivo ajusticiar al tirano Batista en su propia
oficina, al tiempo que se tomaba la emisora de
Radio Reloj para comunicarle al pueblo la noticia y llamarlo a una huelga general, que propiciara el colapso del gabinete de facto, se
ocupaba la Universidad de La Habana, se irrum-
pían en los cuarteles y cortaban las comunicaciones. Dichas acciones, llevadas adelante por un
comando de 50 hombres, fracasan debido a que
no llegaron los refuerzos previstos y el tirano
logra escaparse por una escalera lateral. José
Antonio, al regreso de la radio después de lanzar
una alocución al pueblo, es sorprendido por un

Fidel Castro y Che Guevara durante un descanso en la
campaña guerrillera en la Sierra Maestra.

carro policial, sostiene un combate frontal y es
ametrallado en plena calle.

Ese año, con el asesinato por los soldados
del coronel Salas Cañizares, el 31 de julio, del
dirigente santiaguero Frank País García (1934-
1957), el máximo líder de las fuerzas clandestinas del M-26-7 en el llano, junto a Raúl Pujol,
en el callejón del Muro, tiene lugar en Santiago
de Cuba uno de los entierros más multitudinarios
que se recuerden. La tiranía no se atrevió a inter-
venir ante el pueblo en procesión por las calles,
muchos portando el brazalete rojo y negro del
Movimiento. Al día siguiente, estalló una huelga
que abarcó disímiles lugares de la isla en
protesta por el crimen. Mucho se ha especulado
sobre las divergencias entre las conducciones del
llano y la montaña del Movimiento 26-7 y las
posturas encontradas de Frank País y Fidel
Castro. El primero era más dado a posiciones
civilistas y democráticas a favor de las eleccio-

Fidel Castro con su uniforme verde olivo
en la Sierra Maestra.

nes, la división de poderes y la constitución de un Estado de derecho; en tanto el segundo siempre ha sido más propenso al autoritarismo, al orden y mando.

Mientras, en la Sierra se llegó a imprimir un diario mimeografiado, llamado *Cuba Libre*, que circuló clandestinamente en las ciudades a finales de 1957, y hasta se creó una estación radial que comenzó su primera transmisión por orientación de Fidel, el 24 de febrero de 1958, desde Altos de Conrado, diciendo: "Aquí, *Radio Rebelde*, la voz de la Sierra Maestra, trasmitiendo para toda Cuba, en la banda de 20 metros diariamente a las cinco de la tarde y nueve de la noche, desde nuestro campamento rebelde en las lomas de Oriente".

A fines de 1957, ya los rebeldes controlaban un tramo extenso de la costa sur de Oriente. El 5 de mayo de 1958, Batista de órdenes de iniciar la "Operación Verano" y envía a la zona montañosa oriental diecisiete batallones para exterminar a los rebeldes. Eran unos doce mil soldados de las tres armas, con gran despliegue de aviones y morteros. Entonces, la guerrilla fidelista tenía tan solo 300 efectivos, una desproporción infernal: cuarenta batistianos por cada combatiente guerrillero. Pero los "casquitos" no sabían pelear en las zonas intrincadas de la montaña, estaban desmotivados y comenzaron a desertar o luchaban desganados, dispuestos a rendirse en cuanto *las papas quemaban.*

Ya en febrero de 1958, el Ejército Rebelde contaba con jefes y combatientes de experiencia y Fidel asciende a Comandantes, el 27 de febrero, en un lugar conocido como La Pata de la Mesa, a los capitanes Raúl Castro y Juan Almeida. Hasta esa fecha solo otro combatiente

—Ernesto Che Guevara— había recibido de manos del caudillo el grado de Comandante (21 de julio de 1957) y operaba en la Sierra Maestra como jefe de la Columna Cuatro. Las órdenes de ascenso, firmadas por Fidel, llevaban implícito las misiones, donde se decía que Raúl, jefe de la Columna 6, "operará en el territorio montañoso al norte de la provincia de Oriente"; en tanto Almeida, al frente de la Columna 3, "maniobrará en el territorio de la Sierra Maestra, situado al este del poblado Tomasa y tendrá bajo su mando las patrullas rebeldes de esa zona".

Al mediodía del 1 de marzo de 1958, Raúl y Almeida, junto a oficiales de ambas columnas, se desprenden del núcleo inicial del Ejército Rebelde y marchan a abrir dos nuevos frentes guerrilleros: el Segundo Frente Oriental "Frank País" y el Tercer Frente Oriental "Mario Muñoz Monroy", respectivamente.

Los insurgentes logran apropiarse del código secreto de operaciones enemigas y hasta llegan a enviar órdenes de bombardeos en las propias zonas donde habían tropas del gobierno o pedir el lanzamiento en paracaídas de víveres en regiones ocupadas por los rebeldes. En agosto, la campaña de verano se había convertido en un ardiente infierno para las tropas batistianas, que desertaban masivamente, era un rotundo fracaso.

En noviembre de 1958, el Comandante en Jefe Fidel dirige personalmente la batalla de Guisa, en las estribaciones del Norte de la Sierra, que abrió al Ejército Rebelde, después de 10 días de duros combates, las puertas del llano en su ofensiva final hacia Santiago de Cuba. En esa contienda, los "casquitos" sufren 160 bajas y los insurgentes ocupan unas 35.000 balas, 14 camiones, un tanque T-17 en perfecto estado, que no sabían operar y 300 mochilas completas, junto a otros pertrechos.

Posteriormente, Guevara y Camilo Cienfuegos son puestos por Fidel al mando de dos columnas, con unos 250 guerrilleros en total; las tropas de Guevara debían avanzar buscando el eje de la ruta central; las de Camilo bordear la parte norte de la isla. Se marchaba de noche, avanzando con dificultad y reclutando nuevos soldados voluntarios a cada paso. El 28 de diciembre, el Che inicia la batalla de Santa Clara, en el centro de la isla, y consigue con sus tropas descarrilar un tren blindado cargado de armas que se dirigía a la capital, a pesar de que Batista había ubicado en la defensa a unos 3 mil soldados de la Guardia Rural. En ese momento, ya sus tropas habían tomado Sancti Spiritus y Camilo Cienfuegos tenía bajo su dominio la ciudad de Yaguajay. La columna de Raúl Castro estaba ya en Guantánamo y Fidel se apoderaba de Santiago de Cuba consiguiendo la rendición de la guarnición del Cuartel Moncada, que en ese momento tenía más de 5 mil soldados, después de una reunión con el coronel José Rego Rubido, quien termina sumándose al ejército revolucionario.

6

La epifanía de hacer la Revolución (enero/1959)

> Recuerda la luz y cree en la luz. Nada es importante a estas alturas. Deja de juzgar por las apariencias, da un juicio objetivo. Tranquila. Pronto estarás mejor. Tu escepticismo no sana a nadie. No me mires.
>
> Sarah Kane, en *4:48, Psicosis*.

Sucedió una verdadera apoteosis en las avenidas, en las aceras y los balcones de los edificios capitalinos, desde donde las mujeres lanzaban flores; las banderas cubanas y las roja y negra del M-26-7 estaban repetidas y multiplicadas en todos los tamaños posibles y flameaban en el aire... era el pueblo volcado a las calles para festejar el triunfo de la Revolución, la llegada de una epifanía, de un cambio, un renacimiento nacional que, entonces, suscitaba muchas esperanzas e ilusiones.

Los barbudos de la Sierra Maestra, con sus trajes de color verde olivo, sus crucifijos y collares de Santa Juana, sus amuletos en el cuello, marchaban en *jeeps*, camiones y tanques, arrebatados a los militares batistianos, confundiéndose y mezclándose con el pueblo habanero, como en una procesión, entre llantos, risas, abrazos y

Fidel Castro celebra la victoria contra el presidente de facto
Fulgencio Batista; a su izquierda su hermano Raúl.

besos. A ratos solo se escuchaba el griterío de-
sesperado, los vítores y cánticos que voceaban:
¡Fidel, Fidel, Fidel dinos qué otra cosa tenemos
que hacer!; a ratos solo se percibían muchos
clamores dispares que entonaban el Himno del
26 de julio, que cientos de miles ya lo tenían
aprendido…. "Marchando vamos hacia un ideal,
sabiendo que debemos de triunfar, en aras de paz
y prosperidad, lucharemos todos por la libertad...".

Era la mañana del 8 de enero de 1959, en la
Ciudad de La Habana. La cabecera de la Caravana de la Libertad, como también se le llamó,
montada en un camión militar, estaba guiada por
un exultante Comandante en Jefe Fidel Castro,
de tan solo 32 años, quien era escoltado, con
ametralladoras M3, por los Comandantes Camilo Cienfuegos —con su sombrero alón de fiel-
tro y esa sonrisa inconfundible, que le granjearía
el cariño de todo el pueblo cubano— y Huber

El 8 de enero de 1959, encabezaban la
Caravana de la Libertad: el Comandante en Jefe Fidel Castro,
Camilo Cienfuegos y Huber Matos.

Matos —quien al año siguiente sería condenado a 20 años en las cárceles isleñas, acusado por "traición y sedición a la Patria" por oponerse al rumbo comunista de la Revolución—. En ese momento, Raúl no formó parte de la columna revolucionaria porque se quedó en Oriente y el Che Guevara tenía un brazo lesionado y no asistió al histórico festejo.

Los revolucionarios habían salido desde el Cotorro, a unos 17 kilómetros del centro de La Habana, y debían llegar hasta el Palacio Presidencial, y de allí al antiguo campamento militar de Columbia, la fortaleza-símbolo del Estado Mayor derrotado, donde se daría un acto multitudinario. El entonces Comandante Huber Matos ha contado al periódico de Miami, *El Nuevo Herald* (3/4/2009) que al entrar triunfante a la ciudad aquella mañana de enero, la paranoia de Fidel se hallaba en su máximo grado:

Fidel Castro durante la entrada en La Habana,
el 8 de enero de 1959.

Los Comandantes Camilo Cienfuegos (de sombrero alón) y
Ernesto Guevara, a la llegada a La Habana
desde la Sierra Maestra.

Estaba convencido de que lo mataría un francoti-
rador desde algún techo cuando entrara a La Habana y que se convertiría en un mártir de la Revolución. Vivía obsesionado con la idea y me
decía: "Huber, hoy podría ser el último día de mi
vida. Es mi destino".

Mi madre, una campesina que recaló en La
Habana desde el Occidente de la isla, me dijo
muchos años después que uno de los episodios
más emotivos de aquella procesión triunfal fue
cuando, a la entrada del Cotorro, Fidel cargó en
sus brazos y besó a Fidelito, su primer hijo, al
que se decía no veía desde los comienzos de la
lucha, de 25 meses, en la Sierra Maestra.

Al llegar a Columbia, el líder lanza su primer discurso al pueblo capitalino donde dirá
aquellas palabras premonitorias, que muchos
ciudadanos estaban lejos de pensar rondarían
durante todos estos 50 años los blancos, negros y

Fidel Castro a los pocos días
del triunfo sobre Fulgencio Batista.

grises de esa epifanía llamada Revolución Cubana:

> La tiranía ha sido derrocada. La alegría es inmensa. Y sin embargo, queda mucho por hacer todavía. No nos engañamos creyendo que en adelante todo será fácil; quizás en lo adelante todo sea más difícil. Decir la verdad es el primer deber de todo revolucionario. Engañar al pueblo, despertarle engañosas ilusiones siempre traería las peores consecuencias, y estimo que al pueblo hay que alertarlo contra el exceso de optimismo.

Durante la alocución dos palomas blancas, lanzadas por algunas mujeres del Movimiento 26 de julio se posaron sobre los hombros y las charreteras del Comandante Fidel, en plan de premeditado fetiche. Ello contribuyó a alimentar la mística popular de que el joven guerrillero era el enviado de Obatalá, el dios padre de todos los hijos de la tierra y deidad más poderosa en el panteón de la religión yoruba afrocubana. Entonces se decía —el cubano es tan supersticioso— que Fidel había sido escogido por ese orisha para regir los destinos de la isla. Cobraba así materialidad política lo que sería durante todo su gobierno de casi medio siglo (hasta el momento de su enfermedad y "retiro") un emblema del castrismo: la "democracia de la plaza pública". A partir de ese momento el naciente caudillo —con grandes dotes discursivas y populistas, capacidad de seducción y habilidad para la demagogia— obtendría la supuesta legitimidad para extirpar la participación política de ese "pueblo" cuya capacidad de decisión transferirá a sí mismo.

Ocho días antes, el 1 de enero de 1959, al amanecer, comenzando el Nuevo Año, el dictador Fulgencio Batista había abandonado la isla junto a su familia y con algunos funcionarios muy allegados. Partió desde el aeropuerto militar de Columbia, en La Habana, con destino a República Dominicana, donde pidió asilo político. En sus maletas se llevó parte de su millonaria fortuna: unos $300 millones de pesos, robados del erario público. La noticia de la salida del tirano se regó como una ráfaga de buenaventura y la gente común salió a la calle a festejar la llegada de la nueva alborada.

En La Habana y otras ciudades se produjeron esporádicos tiroteos entre miembros del Movimiento 26 de julio y militares de las fuerzas represivas. También ese día se intentó realizar una maniobra para mantener el *status quo*, con la anuencia de la embajada norteamericana en la isla, cuando el general Eulogio Cantillo pretendió crear una junta cívico-militar, integrada por un grupo de viejos políticos y magistrados del Tribunal Supremo, con el interés de arrebatar el triunfo de la Revolución, pero el ardid fracasó. Fidel se percató y reaccionó con prontitud: a las 11:30 horas del 1 de enero, pronunció una alocución por Radio Rebelde en la que desconoce a la junta y llama a la ciudadanía a la huelga general, al tiempo que ordena redoblar las operaciones bélicas de la guerrilla para obtener la victoria final y manda a las tropas de Camilo y el Che a avanzar sobre la capital para tomar Columbia y La Cabaña, las dos fortalezas del régimen militar en la isla.

En Santiago de Cuba, como comenté, Fidel conmina a la guarnición de la provincia, enclavada en el Cuartel Moncada, a que se rinda y

Celia Sánchez Manduley secretaria, confidente y amiga de
cerca de Fidel Castro, aparece aquí a su lado,
bajando del auto.

toma la ciudad sin disparar un tiro. Entonces,
reunido en el balcón del Ayuntamiento, frente al
parque Céspedes, de la ciudad, colmado por el
pueblo —junto a su secretaria, confidente y
amiga Celia Sánchez Manduley (una de las
mujeres más importantes de su vida, que perma-
neció 23 años a su lado en las luchas revolucionarias y con quien mantuvo siempre una íntima
y reservada relación, hasta su muerte de un
cáncer de pulmón, en 1980)—, su hermano Raúl
Castro y la combatiente de la Sierra Maestra,
Vilma Espín Guillois, (en ese momento todavía
era la novia de Raúl, pues a los pocos días, el 26
de enero, se casan en los salones campestres del
Rancho Club santiaguero) proclama el triunfo de
la Revolución y confirma, en un discurso de dos
horas de duración:

Esta vez, por fortuna para Cuba, la Revolución
llegará de verdad al poder, no será como en el 95,

A la izquierda, Raúl Castro y Vilma Espín, su esposa, junto al Che Guevara y a Aleida March el día en que estos últimos contrajeron matrimonio.

que vinieron los americanos y se hicieron dueños de esto (...) y después ni siquiera dejaron entrar en Santiago de Cuba a Calixto García, que había peleado durante treinta años. No será como en el 33, que cuando el pueblo empezó a creer que una Revolución se estaba haciendo, vino el señor Batista, traicionó, se apoderó del poder e instauró una dictadura por once años. No será como en el 44, año en el que las multitudes se enardecieron creyendo que al fin el pueblo había llegado al poder y los que llegaron al poder fueron los ladrones. Ni ladrones, ni traidores ni intervencionistas, esta vez sí que es la Revolución.

TRANSICIÓN Y PRIMERAS MEDIDAS

Al final de aquella primera semana de alborada, el pueblo de Cuba ya contaba con un gobierno provisional, encabezado por el presidente Dr. Manuel Urrutia Lleó (1901-1981), un magistrado de la Audiencia de Santiago de Cuba y político liberal, quien había sido defensor de la causa de Fidel durante los sucesos del Moncada, hecho que le valió el camino del exilio en Estados Unidos, en diciembre de 1957. El puesto de Primer Ministro fue ocupado por José Miró Cardona (1902-1974), abogado, político e integrante del Conjunto de Asociaciones Cívicas que apoyaron la vía insurreccional en la isla, quién, además, había sido profesor de Fidel en la Universidad de La Habana.

Lo cierto es que para muchos ciudadanos (no diría que para todos) las primeras tareas de ese gobierno estaban claras y generaban total adhesión: restaurar la Constitución del 40, realizar una campaña de alfabetización, promulgar una ley de reforma agraria, la recuperación estatal de los bienes malversados por los personeros de Batista, el procesamiento a los criminales y hacer una convocatoria a elecciones.

Las tropas del DRE, que tras la huida de Batista habían irrumpido en el Palacio Presidencial, entregaron el recinto al gobierno provisional el 6 de enero, en gesto de reconocimiento al poder legítimo revolucionario. Ese día, la dirección gubernamental decreta la disolución de los partidos para depurarlos de los políticos corruptos, colaboradores de Batista, y reorganizarlos con vistas a las futuras elecciones, anunciadas a mediados de 1960.

También entre enero y abril comienzan a funcionar los tribunales populares revolucionarios para juzgar a los torturadores, asesinos y criminales de guerra del régimen depuesto, por violaciones a los derechos humanos, en procesos sumarísimos que en oportunidades no ofrecieron todas las garantías procesales y fueron muy criticados por muchos cubanos y ciudadanos del exterior por su carga de violencia y a los que Fidel terminará calificando, años después y ya octogenario, de "un error" por la forma en que se realizaron. Al final, ese proceso terminó desatando pasiones encontradas, una mala propaganda para un proyecto liberador que emergía como una ruptura con el pasado y no se podía permitir el odio institucionalizado, la crueldad y, mucho menos, la venganza. Así fueron "encausadas" cerca de mil personas relacionadas con el gobierno anterior y alrededor de 500 fueron condenadas al paredón de fusilamiento, en los patios de la Fortaleza de San Carlos de la Cabaña, en un sitio que el pueblo apodó "el palito", donde los únicos testigos eran los fosos, rodeados por los muros centenarios de la muralla, los añosos árboles de ese fuerte militar y el grupo de infantería del Ejército Rebelde. Guevara, quien era el jefe del recinto y recibía órdenes directas de Fidel, firmó esas ejecuciones y comenzó a forjar su historial de jefe intransigente hasta la crueldad.

Hay que recordar que dos años antes, el 12 de julio de 1957, Fidel, junto al presidente en ese momento del Partido Ortodoxo, Raúl A. Chibás y Ribas y el Profesor Felipe Pazos (1912-2001), Doctor en Leyes (Derecho Civil) y en Economía, redactan y firman en las estribaciones montañosas orientales el Manifiesto de la Sierra Maestra, en el que se comprometen a "celebrar elecciones generales para todos los cargos del Estado, las provincias y los municipios en el término de un año bajo las normas de la Constitución del 40 y el Código Electoral del 43 y entregarle el poder inmediatamente al candidato que resulte electo".

Con dichas rúbricas se anuncia que la intención de la Revolución era implantar la Constitución de 1940, que había sido invalidada desde el golpe militar de Batista, que interrumpió el ciclo constitucional. En ese documento, publicado días después en la revista *Bohemia*, se hace una llamada a la unidad de todos los sectores pequeño burgueses y socialdemócratas hacia el que gravitaban todas las ideologías cubanas de la época (léase el autenticismo, la ortodoxia, el DRE, el 26 de julio) menos el comunismo, a la vez que se habla de instaurar un Frente Cívico Revolucionario con una estrategia común de lucha y elegir una figura llamada a presidir el gobierno provisional, cuya elección quedaría a cargo de las instituciones cívicas y se deja declarado que dicho frente no invocaría ni aceptaría la mediación o intervención alguna de otra nación en los asuntos internos de la isla.

Después del triunfo revolucionario, Fidel terminaría descartando esa promesa y se valdría de esa plataforma constitucional para llegar al poder, a pesar de que públicamente confesara, en disímiles oportunidades, como en la ya citada entrevista de Ignacio Ramonet, que

> luchaba por una Revolución, y los cargos no me importaban. La satisfacción de la lucha, del éxito, de la victoria, es un premio mucho más grande que cualquier cargo, y cuando planteé aquello que no quería ser Presidente lo hice muy deliberadamente.

Hay que repasar que entonces, para la transición, el candidato del M-26-7 siempre fue el

Dr. Manuel Urrutia Lleó y entre este y la organización revolucionaria (es decir: Fidel) designarían a todo el Gabinete.

El cambio de poderes en la isla fue aceptado por Estados Unidos con cierta simpatía, pues siempre imaginaron que serían meros trueques de "figuritas", una revolución tropical que se iría travistiendo y descorazonando con el decursar del tiempo. Nadie podía vislumbrar entre analistas de Inteligencia y políticos norteamericanos, entonces que se terminaría convirtiendo en una revolución de orientación comunista como después sucede. De ahí que el vecino del Norte estuvo dispuesto a darle al nuevo régimen toda la colaboración que precisará, en esos primeros meses.

En aquel primer Consejo de Ministros, además, se ubicaron personalidades de diversa posición social y distintas posiciones políticas e ideológicas, en su mayoría de tendencias burguesas conservadoras, como fue el caso del ministro de Estado, Roberto Agramonte; el ministro de Agricultura, Humberto Sorí Marín; Felipe Pazos, como Presidente del Banco Nacional de Cuba, junto a personalidades de pensamiento más liberales, como el ministro de Salubridad, Comandante Julio Martínez Páez, integrante del Ejército Rebelde y el ministro de Educación, Armando Hart Dávalos, que había luchado desde la clandestinidad en el M-26-7 y luego se desempeñaría como ministro de Cultura, desde 1976 hasta 1997.

Entre los primeros decretos del Gobierno se ubican la designación de Fidel Castro como jefe del Ejército Rebelde, con facultades para reorganizarlo, en tanto se habían desintegrado las tropas terrestres, la policía y la marina de guerra del antiguo régimen y todos los cuerpos represivos de la tiranía, junto al Servicio de Inteligencia Militar (SIM), el Buró de Investigaciones, la Policía Secreta, el Buró de Represión de Actividades Comunistas y las Bandas Paramilitares como eran los temidos "Tigres de Masferrer".

A pesar de que ya se empezaba a organizar el trabajo gubernamental, el 13 de febrero se produce el primer cortocircuito dentro del nuevo gabinete con la renuncia del Presidente Urrutia y de José Miró Cardona, a su cargo de Primer Ministro, en desacuerdo con el accionar de tribunales revolucionarios y la pena de muerte y algunas medidas revolucionarias. Posteriormente, Urrutia retira su dimisión, pero Miró la hace efectiva. Entonces, Fidel Castro, que hasta el momento no formaba parte del gobierno, reemplaza a Miró Cardona en el cargo de Primer Ministro. A partir de ese instante, la presión de los Estados Unidos sobre muchos de los actores políticos cubanos comienza a delimitar los campos ideológicos y a fabricar la clásica antinomia fidelista: revolucionarios vs. contrarrevolucionarios.

En un comentario periodístico titulado: "Lo que la Revolución era" (*El Nuevo Herald*, 31-8-2008), el ensayista e historiador cubano Rafael Rojas, al analizar la renuncia de Miró y el ascenso al primer ministerio de Fidel, ha manifestado que

> Luis M. Buch Rodríguez (entonces ministro de la Presidencia y secretario del Consejo de Ministros de ese gobierno provisional) cuenta que en una reunión con los ministros del 26: Hart, Pérez, Camacho y Enrique Oltuski (entonces Secretario de Comunicaciones) en casa de este último, Fidel

propuso que para que él reemplazara a Miró era
necesario que se reformara el artículo 154 de la
Constitución del 40, concediéndole al primer
ministro la potestad ya no de 'representar', sino
de 'dirigir' la política general del gobierno. Días
después, el 13 de febrero de 1959, Miró renunció
y Castro, gracias a la reforma constitucional,
asumió el control político del país. A partir de
entonces, el gobierno revolucionario comenzó a
abandonar gradualmente su carácter moderado y
provisional.

Otra crisis sobreviene: el 16 de julio, ante la
nueva oposición de Urrutia a firmar algunas
leyes revolucionarias, Fidel con mucha astucia
anuncia públicamente que prefiere renunciar a su
cargo ante la imposibilidad de cumplir la
promesa realizada al pueblo, en su Programa del
Moncada y deja a las masas populares la posibilidad de decidir la situación. La respuesta masiva
no se hace esperar y al día siguiente el pueblo
capitalino se lanza a las calles exigiéndole a Fidel
que regresara a su puesto de Primer Ministro y
pidiéndole la renuncia a Urrutia, quien se ve obligado a dimitir ante el Consejo de Ministros; en
su lugar es nombrado el Doctor en Derecho
Civil, Osvaldo Dorticós Torrado (1919-1983),
una figura muy deslucida, que se desempeñaba
ya como ministro de Leyes para el gobierno
provisional y había participado en los movimientos de resistencia cívica contra Batista, en su
natal provincia de Cienfuegos. Dicho funcionario, posteriormente, completamente apartado de
la vida política termina con su vida de un disparo
en la cabeza, un 24 de junio de 1983.

En tanto, el Gobierno comienza a tomar medidas más radicales, como la rebaja de alquileres, la intervención de la Compañía Telefónica (de capitales norteamericanos), la expropiación de los campos de los altos funcionarios batistianos, la nacionalización de los hoteles; las playas, antes privadas, se ponen al disfrute de todo el pueblo.

"OPERACIÓN VERDAD"

No habían pasado ni cien días de su entrada a La Habana y ya como Primer Ministro, Fidel recibe una invitación de una entidad privada, la American Society of Newspaper Editors (Sociedad de Editores de Periódicos), para viajar como un ciudadano a los Estados Unidos en lo que sería la tercera estadía de su vida en esa nación. Era una oportunidad para que el cabecilla de la Sierra Maestra pudiera esclarecer al pueblo norteamericano los planes revolucionarios, el rumbo del nuevo proyecto y cuáles eran los ánimos de las medidas que se tomaban en la isla; se intentaba echar por tierra las campañas difamatorias acerca de la revolución cubana que ya comenzaban a circular por el mundo. Era el inicio del "Operativo Verdad".

El periplo de cinco días por Washington, Nueva York, Boston y Houston comienza el 15 de abril de 1959; la segunda estancia en el exterior del líder después del triunfo revolucionario (con anterioridad había estado cinco días, desde el 23 de enero, en Venezuela y había dicho en unos de sus discursos, a modo de queja, a los venezolanos:

—¿Ustedes quieren que me dedique a la Revolución o a firmar autógrafos? Yo no soy artista, soy revolucionario.

Esta vez su estadía en Estados Unidos —con una abarrotada agenda que incluye visitas y encuentros en universidades, reuniones con periodistas, legisladores de ambas cámaras, asociaciones de abogados, editores de grandes medios, expertos en cuestiones económicas internacionales, hombres de negocios, una entrevista de dos horas y media con el vicepresidente norteamericano Richard Nixon en su oficina en el Capitolio y hasta un mitin multitudinario en el Parque Central, en pleno centro de Manhattan— desborda el sobrio marco protocolar para convertirse en el viaje del abanderado de la Revolución Cubana, que ya comenzaba a tornarse en una leyenda y a despertar mucha admiración, pero también empezaba a ganar muchos enemigos. Se cuenta que, al ser recriminado por expertos en protocolo, su comitiva y la seguridad personal por su costumbre de saludar y mezclarse con los ciudadanos norteamericanos y la colonia hispanoamericana, Fidel respondió airado:

—¡Basta ya de protocolo! De lo que puedo y no puedo hacer. Va a resultar que el desembarco en Estados Unidos es más difícil que el desembarco del Granma. Y para ese, más importante, no tuve en cuenta formulario alguno.

En una de las tantas entrevistas que ofreció a la radio norteamericana, el joven estadista se encargará de dilucidar el objetivo de dicha visita al explicar que

ustedes están acostumbrados a ver a representantes de otros gobiernos venir aquí a pedir. Yo no vine a eso. Vine únicamente a tratar de lograr un

mejor entendimiento con el pueblo norteamericano, a reclamar un trato justo con el vecino
poderoso. Necesitamos mejores relaciones entre
Cuba y los Estados Unidos.

Ha narrado en una crónica el periodista
cubano Luis Báez ("Granma Internacional", 13
de abril de 2007) —que estuvo acreditado para
cubrir las incidencias del viaje— que el segundo
día de la visita, al salir el Comandante de una
reunión con un funcionario de la Secretaría de
Estado en el Statler-Hilton, en Washington DC,
en uno de los salones del lugar se adelanta
William Wieland, entonces director de la Oficina
de Asuntos del Caribe del Departamento de
Estado, con el interés de presentarse ante el visi-
tante y le dice:
—Doctor Fidel Castro, yo soy la persona
que maneja las cosas de Cuba.
A lo que Fidel responde con suspicacia y
entre las risas de los acompañantes:
—Perdóneme, pero quien maneja las cosas
de Cuba soy yo.

PATRIA O MUERTE VS. PATRIA O VIDA

En las primeras semanas de mayo, del "Año
de la Liberación", se comienzan a tomar nuevas
medidas dentro de marcados cánones aún capitalistas. Una de las que constituyó un hito trascendente en este proceso fue la firma, por parte del
líder guerrillero, de la Primera Ley de Reforma
Agraria, el 17 de mayo de 1959, en La Plata,
Sierra Maestra, con la que Fidel intentaba mate-
rializar el Programa del Moncada, comprometido ante la ciudadanía. Dicha ley eliminaba el

JUAN CARLOS RIVERA QUINTANA

Momento en el que Fidel firma la Ley de Reforma Agraria,
en Sierra Maestra en 1959.

latifundio, al nacionalizar todas las propiedades
de las explotaciones agrícolas de más de 400
hectáreas, y entregaba la propiedad de la tierra a
decenas de miles de campesinos, arrendatarios y
precaristas que la trabajaban o a cooperativas de
producción agropecuaria que se constituyeran.

Los propietarios de las tierras confiscadas
recibirían una compensación en moneda nacional, equivalente a la evaluación fiscal de la
tierra, con un bono pagadero en 20 años y un
interés del 4,5 por ciento anual. Pero lo que más
molestó a las compañías extranjeras, con planta-
ciones cañeras o arroceras en la isla, muchos
grandes latifundios de hasta 200 mil hectáreas,
fue la prohibición a los ingenios azucareros (en
su mayoría norteamericanos) de poseer planta-
ciones de caña, que a partir de la firma de la Ley
debían pasar a manos de propietarios cubanos,
quienes recibirían incluso la propiedad de las
tierras que ya trabajaban.

A partir de ese momento, comenzaron los vuelos sobre la isla, procedentes de Miami, para arrojar bombas o propaganda contrarrevolucionaria y toda una ola de sabotajes a tiendas, fábricas, escuelas y ataques piratas a embarcaciones pesqueras, todos con fines desestabilizadores y de amedrentamiento. Ante las protestas cubanas, el gobierno estadounidense declaró cínicamente no tener medios para impedirlos, mientras tras bambalinas su vicepresidente Richard Nixon reclamaba la preparación de una fuerza militar para invadir la isla y la Central de Inteligencia Americana (CIA) empezaba a trabajar ofreciendo ayuda monetaria y entrenando activamente a los exiliados cubanos en Miami, sobre todo en polígonos especialmente preparados en los pantanos de Everglades, en Florida y en territorios de algunas naciones de la región, cuyos gobiernos de turno hacían la vista gorda y se prestaban para ello, como la República Dominicana, Nicaragua y Venezuela, entre otros. Organizaciones terroristas contrarrevolucionarias, como Alfa 66, mercenarios de la brigada 2506, la "Fuerza Aérea Exterminadora" y la Fundación Nacional Cubano Americana (FNCA) entre otras, integradas por ex agentes batistianos, soldados de la fortuna, anticomunistas, mafiosos cubano-americanos, radicados en Miami, se prestaron a engrosar las filas de esos ejércitos del odio.

Uno de los sabotajes que más conmovió a la opinión pública cubana fue la explosión del vapor La Coubre, de origen francés, que transportaba armas y municiones para Cuba, procedente de Bélgica. Dicha acción criminal, que produjo dos estallidos y costó la vida a un centenar de personas y unos doscientos heridos, ocurrió el 3 de marzo de 1960 y fue denunciada por Fidel como un acto terrorista organizado por la CIA, cuyo "oficial del caso Cuba" era el entonces vicepresidente Richard Nixon.

Ha contado (Barredo Medina, Lázaro: "Girón en Oriente", Edición Especial *Granma*, parte IX, abril de 2006) que, aquella tarde Fidel y Raúl se encontraban reunidos en el piso 18 del entonces edificio del Instituto Nacional de Reforma Agraria (INRA), hoy sede del Ministerio de las Fuerzas Armadas (MINFAR) y desde allí sintieron la explosión y vieron la columna de humo proveniente del puerto. Enseguida elucubraron que fuera un sabotaje en la termoeléctrica de Tallapiedra o en el barco que había llegado con el cargamento de 70 toneladas de granadas antitanques y municiones.

Ambos tomaron la decisión de partir hacia el lugar, seguidos de sus escoltas. Cuando Fidel toma asiento en el auto, Raúl decide ponerse al volante y conduce el vehículo al lugar, pero pierde algunos minutos en la ruta porque se va por Carlos III, una avenida muy populosa. Al detenerse el auto en la entrada del puerto, donde los bomberos trabajaban para apagar el incendio y ya se sacaban hombres mortalmente heridos y destrozados, varios comandantes, entre ellos Guevara, se interponen ante los dos altos jefes y les impiden el paso hacia el espigón, donde intuyen pueden quedar granadas o municiones sin explotar. En medio del enojo y las malas palabras que salen de las bocas de los hermanos Castro retumba otra mortífera detonación que causa mayores destrozos, sobre todo entre los rescatistas.

Ya entonces la CIA preveía que los dirigentes de la revolución, tras la primera explosión, acudirían de inmediato al puerto y la segunda les encontraría en medio del acto terrorista y acabaría con sus vidas. A partir de ese momento, la estrategia de Fidel sería dividir el país, en caso de agresión o alguna crisis proveniente del exterior: Raúl para Oriente; Almeida para Las Villas; Guevara para Pinar del Río y él tomaría el mando de la capital. Si el enemigo trataba de tomar alguna ciudad, las otras continuarían la guerra.

Más tarde diría Fidel que esa era una estrategia de supervivencia:

> Ese día, entre la dirección revolucionaria, se comprendió, además, que no podía permitirse la presencia de ambos dirigentes juntos en eventos públicos.

No por gusto, el 2 de septiembre de 1960, Fidel realiza lo que se conoció como la I Declaración de La Habana, un llamamiento a las fuerzas populares latinoamericanas contra el imperialismo estadounidense. En ese discurso, el líder pronuncia por primera vez el *slogan* revolucionario que le acompañará toda la vida en el cierre de sus alocuciones populares: "¡Patria o Muerte, venceremos!", (desafortunada opción para los ciudadanos cubanos: la Patria o la muerte, en lugar de la Patria o la vida). En dicho documento, el joven estadista ya condena

> la intervención abierta y criminal que durante más de un siglo ha ejercido el imperialismo norteamericano sobre todos los pueblos de la América Latina, pueblos que más de una vez han visto invadido su suelo en México, Nicaragua, Haití, Santo Domingo o Cuba...

Al mismo tiempo declara que

> la ayuda espontáneamente ofrecida por la Unión
> Soviética a Cuba, en caso de que nuestro país
> fuera atacado por fuerzas militares imperialistas,
> no podrá ser considerada, jamás, como un acto
> de intromisión, sino que constituye un evidente
> acto de solidaridad, y que esa ayuda (...) honra
> tanto al gobierno de la Unión Soviética, que la
> ofrece, como deshonra al gobierno de los Estados
> Unidos y sus cobardes y criminales agresiones
> contra Cuba.

Para entonces, ya el viceprimer ministro y diputado Anastás Mikoyán (1895-1978) había visitado La Habana al frente de una delegación soviética de alto nivel firmando tratados, donde el gobierno soviético se compromete a comprar a la isla 425.000 toneladas de azúcar y una cantidad de otros productos y a venderle petróleo y otros bienes industriales a precios ventajosos y con financiamiento (que le habían ya negado Estados Unidos y Europa). Además, el 7 de mayo de ese mismo año, Cuba y la URSS restablecían relaciones diplomáticas acordando la protección militar y económica del territorio nacional cubano.

En la misma medida en que ocurrían las agresiones imperialistas, Fidel iba radicalizando las medidas del gobierno. Así, en junio, Cuba nacionaliza las refinerías de petróleo estadounidense, después de que estas se niegan a procesar el crudo soviético con el fin de asfixiar económicamente a la isla y ya en octubre de 1960, Washington prohíbe exportaciones a Cuba, con la excepción de alimentos y medicinas, decretando el inicio del bloqueo económico, que se irá recrudeciendo en la medida en que el diferendo vaya subiendo su tesitura. Sin dudas, la isla comenzaba a transformarse en el centro de una crisis internacional que alcanza su punto clímax con la decisión de Estados Unidos de romper relaciones diplomáticas con La Habana (3 enero de 1961).

Para entonces, ha contado en muchas ocasiones (diario *Juventud Rebelde*, agosto 14 de 2006) uno de los principales amigos del cabecilla revolucionario Gabriel García Márquez, Fidel aún sentía que estaba en la Sierra Maestra y mantenía esos hábitos guerrilleros de vida nómada, desplazándose en varios autos Osmobile o Zil soviéticos y rodeado de una fuerte escolta,

> no tenía un domicilio cierto, ni oficina durante más de 15 años, ni tenía horas fijas para nada. La sede del gobierno estaba donde estuviera él, y el poder mismo estaba sometido a los azares de su errancia (…), pasaba de largo por noches y días enteros, y dormía a retazos, donde lo derribaba el cansancio y sin horas fijas.

También era dado a ataques de cólera e impaciencia cuando las cosas no salían como estaban previstas o se dilataban excesivamente. Y aunque no cantaba ni bailaba, algo que a los ojos de las cubanas constituye un plus para la seducción, se rumoraban de muchos romances ocasionales que mantuvo durante el cumplimiento de sus deberes gubernamentales pues siempre ha tenido el pico fino para el diálogo y el galanteo.

En una oportunidad, Fidel confesó que estaba cansado de tantos viajes, de cuidar su discurso por las repercusiones de sus palabras, que le gustaría no tener que estar siempre rodeado de la fuerte custodia y las paranoicas medidas de seguridad, que le privan de su autonomía y le cuidan de los innumerables atentados tramados contra su persona. Sin duda —y lo digo con sincera y humana tristeza— él también ha sido una víctima, rehén del propio esquema que cimentó e impuso al pueblo cubano, privado de su capacidad para moverse, decir lo que piensa con absoluta extroversión y salir libremente a donde se le antoje sin trabas burocráticas. Somos como la imagen repetida en el espejo donde el Comandante se ha ido mirando encanecer. No por gusto, admitió que hubiera preferido siempre la libertad de andar solo. Recuerdo que en una oportunidad le preguntaron qué era lo que más desearía en el mundo y rápidamente contestó:

—Pararme en una esquina y no llamarle la atención a nadie.

7

Playa Girón (17 abril/1961), una victoria rotunda

Vuelve la espalda. El mar. Abre la boca.
Contra una mina una sirena choca
Y un arcángel se hunde, indiferente.

Rafael Alberti.

Inicialmente muchos integrantes de la avanzada de cinco tanques, bajo el mando del entonces teniente Néstor López Cuba, y algunos destacamentos artilleros de las Fuerzas Armadas Revolucionarias no comprendieron la idea de Fidel y sus orientaciones, pues era mucha la confusión reinante; los enfrentamientos bélicos sacan a flor de piel la adrenalina del cuerpo de cada uno de los combatientes y por momentos reina esa atmósfera de "cerebro embotado". El Comandante en Jefe les había advertido:

—El enemigo no puede permanecer más de 72 horas en el territorio nacional. Hay que evitar que cree una cabeza de playa en las arenas de Playa Girón. ¡Pongan los huevos, cojones, tenemos que darle candela al jarro, hasta que suelte el fondo!

167

Fidel desde la torreta de un tanque, en Matanzas, durante la invasión mercenaria de Playa Girón.

El teatro de operaciones combativas, a las seis de la mañana del 17 de abril de 1961, era un caos: primero, el lanzamiento de paracaidistas desde aviones norteamericanos de transportes C-46 y C-54 y, al poco tiempo, los intensos y focalizados bombardeos aéreos desde aviones estadounidenses B-26, junto al inicio de los combates terrestres entre ambas fuerzas. A los soldados del ejército, artilleros (operadores de las baterías antiaéreas conocidas como "cuatro bocas") y al conjunto de la Columna N.º 1 del Ejército Rebelde que se parapetaba en los casamatas o en alguna oquedad del arcilloso terreno, se les hacía muy difícil contraatacar, pues había que franquear dos carreteras, atravesando diez kilómetros de ciénaga intransitable. Se sufría el dolor de ver caer a muchos combatientes del batallón de la Policía Nacional Revolucionaria y del ejército, pero con astucia y coraje se lograba dominar la situación.

A la zona, hasta donde pudieron avanzar los mercenarios, en Pálpite, en la Ciénaga de Zapata, cerca del Central Australia, en la provincia de Las Villas, llegó después Fidel en un tanque. Allí funcionó un teléfono directo con el Estado Mayor General y el Puesto de Mando desde donde se seguía toda la contienda y se impartían las órdenes. Desde ese lugar, el capitán José Ramón Fernández —conocido popularmente como el "Gallego" Fernández—, pese a que nació en Santiago de Cuba, pero sus abuelos eran asturianos— recibió instrucciones del líder revolucionario y diseñó la estrategia de la defensa cubana. Fernández era un ex integrante del ejército anterior y, en ese momento, director de la Escuela de Instructores de las Milicias de la provincia de Matanzas, (el mejor centro de su tipo en el país). Su tropa con certeros disparos de morteros y de obuses de 122 milímetros, adquiridos recientemente en la URSS y Checoslovaquia, y hasta actitudes temerarias juega un papel protagónico en la batalla de defensa y rechazo en la dirección Australia-Pálpite-Playa Larga-Playa Girón (Bahía de Cochinos). Él era, en ese momento, uno de los pocos jefes militares con conocimientos profesionales para enfrentar acciones como la de ese desembarco enemigo; había egresado —¡gran paradoja!— de un curso de especialización y artillería en Fort Sill, en Estados Unidos.

El preludio de aquella invasión a Playa Girón sucedía el 15 de abril de ese año, cuando 8 aviones B-26 *Invader* de nacionalidad norteamericana, camuflados con las insignias de la Fuerza Aérea Cubana y tripulados por mercenarios cubanos al servicio de la CIA y el Pentágono, atacaban sorpresivamente los aeropuertos de

Ciudad Libertad (en el oeste de la capital), Santiago de los Baños, en el extremo suroeste de La Habana, y Santiago de Cuba, en la zona oriental. Los equipos habían partido de Puerto Cabeza, en Nicaragua. Dicha acción militar, que deja una estela de muerte, destrucción e ira en la población insular, es el momento oportuno para que Fidel radicalice el rumbo de su empresa y, en el entierro de las víctimas de la acción criminal, declare el carácter socialista de la Revolución.

Castro aprovecha la situación de conmoción y dolor de los habaneros que despedían a sus hermanos muertos en ese momento —entre ellos al joven artillero Eduardo García Delgado, quien segundos antes de expirar, escribía con su sangre, en la pared, donde estaba tendido el nombre de Fidel— para decir, en su discurso, ante las multitudes, que siguen el cortejo fúnebre en la céntrica esquina de 23 y 12, en El Vedado, frente a la entrada de la necrópolis de Colón:

> Porque lo que no pueden perdonarnos los imperialistas es que estemos aquí, porque lo que no pueden perdonarnos los imperialistas es la dignidad, la entereza y el valor, la firmeza ideológica, el espíritu de sacrificio y el espíritu revolucionario del pueblo cubano. Eso es lo que no pueden perdonarnos, que estemos ahí en sus narices, ¡Y que hayamos hecho una revolución socialista en las propias narices de los Estados Unidos!

En ese instante, la ideología del líder revolucionario deja de ser un "enigma" para las autoridades políticas y los servicios de espionaje de Estados Unidos, que siempre le vieron como un representante de la burguesía nacional, muy apegado a sus orígenes campesinos. Justo, en ese momento, el escenario caribeño cambia: el marxismo leninismo que se comenzaba a importar de Europa sufrirá un proceso de mestizaje y sincretismo adquiriendo la identidad de "fidelismo" o "cesarismo de base comunista", como bien lo definió el ensayista español Antonio Elorza, en uno de sus artículos.

Horas después, reitero, en la madrugada del 17 de abril, ocurría el desembarco por Playa Girón y Playa Larga, en la rivera oriental de la Bahía de Cochinos, ubicada en la costa sur del centro del país. La Brigada 2506, como era denominada, con un contingente de 1.500 hombres, compuesta por cubanos exiliados: ex batistianos, latifundistas, casatenientes, comerciantes, magnates industriales y aventureros, había sido preparada por los Estados Unidos en bases nicaragüenses y guatemaltecas, desde donde partieron a bordo de varios buques norteamericanos para realizar el desembarco en Cuba. La Brigada estaba dividida en siete batallones, de unos 200 hombres cada uno, y repartida en cinco barcos de transporte. Cerca de las costas insulares, el portaavión USS Essex, repleto de infantería de marina, esperaba dispuesto a desembarcar tan pronto lo solicitaran las "nuevas autoridades" de la isla.

Daba inicio la "Operación Pluto", pergeñada por la CIA y con la anuencia del gobierno del presidente norteamericano John F. Kennedy (1917-1963) que hereda esos planes de la administración anterior de Dwight Eisenhower (1890-1969) y de su vicepresidente Richard Nixon (1913-1994), quien era conocido en la Agencia como "el oficial del caso Cuba". Se intentaba propalar al mundo que desde dentro de Cuba se gestaba una rebelión interna en contra de Fidel y el nuevo gobierno, para preparar las condiciones políticas que justificaran una invasión de Estados Unidos. El propósito: ocupar una franja de territorio insular y establecer un gobierno provisional, que solicitaría inmediatamente de manera "oficial" ayuda de Norteamérica. Pero el plan norteamericano terminó hecho añicos y en aproximadamente 72 horas las bisoñas tropas cubanas derrotaron a los invasores.

Posteriormente, los 1.197 prisioneros fueron juzgados, en septiembre de 1962; entre ellos habían 14 criminales y torturadores del régimen anterior, de los cuales 5 fueron condenados a muerte y otros 9 a 30 años de prisión. El resto fue canjeado por medicinas y alimentos para niños (por un valor de 50 millones de dólares), en diciembre de ese mismo año y el gobierno norteamericano se vio obligado a pagar una indemnización de 2 millones más como "un reconocimiento de esa nación a la victoria revolucionaria. Se trataba más bien de un castigo moral", diría después el estadista. Se ponía fin a una fallida aventura bélica, considerada por Fidel como "la primera gran derrota del imperialismo yanqui en América Latina". La brigada invasora le había ocasionado a las tropas cubanas 176 muertos y más de 300 heridos, algunos de ellos incapacitados de por vida, pero ya el pueblo sabía bajo qué bandera pelearía y en qué escenario difícil se desenvolverían los acontecimientos.

Hay que tener presente que un año y medio antes, el 21 de octubre de 1959, Fidel había abortado, según sus propias palabras, un intento de sedición militar en la provincia de Camagüey, organizada por el Comandante del Ejército Rebelde Huber Matos, jefe militar de esa villa. Muy por el contrario, la versión de Matos apunta que él estaba en contra del rumbo comunista del gobierno, pero nunca protagonizó una conspiración, sino que solo quería "salirse de la maquinaria del poder, distanciarse, pues estaba decepcionado por el rumbo que tomaba la política en la isla". Por ello, había remitido una segunda carta a Fidel, en la que denunciaba la penetración y control que los comunistas estaban ejerciendo en todas las áreas del gobierno revolucionario, promovidos por Raúl y Guevara, que ya eran abiertamente comunistas. La misiva, uno de los documentos más controversiales y caros de la historia cubana, representó para Matos 20 años de cárcel y que el Comandante Camilo Cienfuegos Gorriarán nunca llegara a su destino.

Una vez recibida la carta, Fidel envió hacia ese territorio al Comandante Camilo (1932-1959), uno de sus lugartenientes y Jefe del Estado Mayor del Ejército, que ejercía una atracción casi mística sobre el pueblo, para que realizara el arresto de Matos y pusiera fin a la sublevación.

Se cuenta que el "Héroe de Yaguajay", como el pueblo le bautizó por su participación guerrillera en la toma de esa ciudad, al llegar a Camagüey le dijo a Matos:

—Date preso, Huber, dame la pistola. Y el cabecilla militar se rindió sin disparar un tiro.

Una semana después, el día 28 de octubre, a las 6 p.m., Camilo, después de cumplir la misión encomendada por Fidel, sale de la ciudad de Camagüey a La Habana, en la avioneta ejecutiva Cessna 310 de dos motores, en compañía del soldado Félix Rodríguez y teniendo como piloto al capitán Luciano Fariñas (que tenía más de 2.000 horas de vuelo y vasta experiencia en el avión que transportaba) y desaparecen misteriosamente sin dejar rastro alguno y en circunstancias muy extrañas. La versión oficial apunta al mal tiempo y complicaciones climáticas, aunque nunca existieron informes de ese tipo de problemas en la ruta que supuestamente debía seguir la aeronave, ni el avión emitió ninguna llamada de auxilio. Lo cierto es que toda la isla se movilizó en la búsqueda de los restos del querido guerrillero desaparecido, de tan solo 27 años, pero nunca se encontró nada que confirmara esa hipótesis y aún hoy, en esa fecha, los niños cubanos siguen arrojando flores al mar y a los ríos, en homenaje a la figura legendaria.

Otras versiones, provenientes del exilio, apuntan al asesinato de Camilo, con la aprobación de Fidel y Raúl, para lo cual se habla del ametrallamiento de la avioneta Cessna por parte de un avión Sea Fury de la Fuerza Aérea Revolucionaria, supuestamente tripulado por Blas Domínguez, el piloto personal del Comandante en Jefe. Se dice que la acción "quirúrgica" se encomendó debido a la desconfianza con que el líder miraba el fuerte vínculo amistoso entre Huber Matos y Camilo y que este último había manifestado, también, en múltiples ocasiones su posición en contra del comunismo y tenía mucha popularidad en el pueblo.

También pudo ocurrir que el avión de Camilo hubiera sido derribado por error por la propia defensa antiaérea cubana, pues en esos momentos ya existían muchas tensiones por las continúas violaciones del espacio aéreo cubano, por parte de grupos contrarrevolucionarios provenientes de Estados Unidos, y aún los equipos y radares militares con que se contaban para el rastreo eran muy limitados. En cualquier circunstancia, la desaparición del guerrillero sigue siendo un enigma rodeado de muchas especulaciones hasta la actualidad, alimentadas incluso por la muerte del capitán Cristino Naranjo Vázquez. Este último era oficial de la columna invasora que dirigió Camilo y era, además, su ayudante y amigo personal. Según se cuenta, él tenía algunas pistas e investigaba por cuenta propia la extraña desaparición de Camilo Cienfuegos pero fue baleado, supuestamente por un equívoco, en circunstancias poco claras, el 13 de noviembre, cuando entraba al campamento de Ciudad Libertad (antigua Columbia), en La Habana. El parte revolucionario afirmaba que se trató de un problema personal con uno de sus custodios.

Pero, ¿cómo se conocieron Fidel y Camilo? Se sabe poco o nada sobre este encuentro. Cienfuegos logró relacionarse con miembros del M-26-7, encabezado por Fidel, desde su estancia de trabajo y exilio en Estados Unidos y después decide viajar a México en 1955, para contactar directamente al líder e incorporarse al grupo que trabajaba en los preparativos del Granma. Lo cierto es que cuando es ascendido por sus méritos humanos y combativos al grado de Coman-

Fidel durante un discurso en La Habana. Detrás suyo,
Camilo Cienfuegos.

dante, en la Sierra Maestra, Camilo le escribió
en una carta a Fidel, fechada en abril de 1958:
"Más fácil me será dejar de respirar que dejar de
ser fiel a su confianza".

Además, se conoce una anécdota ilustrativa
de su cariño hacía Fidel. Cuentan que durante un
encuentro de béisbol en la isla, en apoyo a la
Primera Ley de Reforma Agraria y a otras medidas de radicalización de la Revolución, el 24 de
julio de 1959, donde se esperaba que ambos
fueran lanzadores por sus respectivos equipos,
integrados por ex combatientes de la Sierra
Maestra, Camilo salió al terreno con sus arreos
de receptor. Al preguntársele si él no iba a ser el
rival de Fidel en el juego, respondió a los periodistas:

—¡Yo no estoy contra Fidel ni en la pelota!

Camilo Cienfuegos y Fidel Castro,
juntos durante un desfile.

Permanente hostilidad

El inalterable acoso de Estados Unidos contra la isla comienza su accionar más fuerte y dan inicio, incluso, los planes norteamericanos de atentados, diseñados por personeros de la CIA, para tratar de asesinar al Comandante Fidel. Por esta fecha (diciembre de 1962), James Donovan, el abogado estadounidense que negociaba con el caudillo revolucionario la liberación de los prisioneros de Girón es utilizado como instrumento para que trajera de regalo un traje de buzo, que estaba impregnado de hongos y bacterias mortíferas. Entonces ya era muy conocida la afición de Fidel por la natación, la pesca submarina y la caza de langostas en altamar, a pocos metros de profundidad, como una manera de hacer ejercicios que le permitieran un buen estado físico y le sacaran el estrés y las preocupaciones. Se conocía, además, la permanente inquietud del entonces joven líder por "su facilidad inclemente para aumentar de peso que lo ha obligado a imponerse una dieta perpetua", según García Márquez. Quizás por ello, otro de los atentados que se fraguaron estuvo relacionado con sus hábitos alimenticios. El mismo caudillo ha contado que en los primeros meses del triunfo de la Revolución él adquirió la costumbre de ir al Hotel Hilton (hoy Habana Libre), en el centro de la capital, y comer un *sandwich* con batido de chocolate, en medio de los trajines y las deshoras de la vida que llevaba. La CIA, valiéndose de esa costumbre, intentó colocar una píldora de cianuro en la bebida. La operación debía ser ejecutada por un camarero, al servicio de la mafia cubana, pero en el último momento este no fue capaz de ejecutarla y fue descubierto.

El inicio de la llamada "guerra sucia" explica la toma de una serie de medidas internas en la isla que intentaban frenar el terrorismo de Estado y la oleada contrarrevolucionaria desatada por el gobierno estadounidense, la CIA y el Pentágono contra Cuba. Así surgen los Comités de Defensa de la Revolución (28 de septiembre de 1960), como un sistema de vigilancia popular colectiva, que seis meses después participarían en la desarticulación de los elementos contrarrevolucionarios que pretendían servir de quinta columna a la brigada mercenaria, que es derrotada en Playa Girón. Con anterioridad, Fidel había promovido la creación de las Milicias Nacionales Revolucionarias, un ejército del pueblo para luchar contra los enemigos (26 de octubre de 1959) y después se funda, al calor de los sabotajes imperialistas urbanos, la Federación de Mujeres Cubanas el 23 de agosto de 1960, cuya Secretaría General, hasta su muerte el 19 junio de 2007, presidió Vilma Espín, esposa de Raúl Castro.

Pero las agresiones norteamericanas diseñadas en un proyecto, conocido después como "Plan Mangosta", no se limitaron a los sabotajes económicos como maniobras de descapitalización, al diseño de campañas periodísticas para denigrar a la isla y a los actos terroristas y asesinatos en áreas urbanas y la utilización de guerra bacteriológica contra áreas agrícolas. También fomentaron la creación de organizaciones y bandas contrarrevolucionarias de alzados, financiadas y abastecidas militarmente por Estados Unidos, que operaron en distintas regiones del país —como en el macizo montañoso del Escambray y en los alrededores de Trinidad; en Pinar del Río; las zonas rurales de La Habana hasta 1965— y que fueron exterminadas completamente por las Milicias y las Fuerzas Armadas Revolucionarias.

Así, entre 1959 y 1965, actuaron en todo el territorio nacional 299 bandas contrarrevolucionarias, con un total de 3.995 efectivos, que realizaron agresiones a la economía agropecuaria: con quemas de cañaverales, sabotajes a la producción de leche, daño a la masa ganadera, incendios de viviendas y escuelas rurales, asaltos a granjas, asesinatos de alfabetizadores e incluso atentaron contra la vida de dirigentes campesinos. Entre los combatientes de las tropas regulares y milicianas y las unidades del servicio militar que participaron en las operaciones, más las víctimas de los crímenes de los bandidos, perdieron la vida 549 personas y muchas otras quedaron incapacitadas. El país tuvo que gastar alrededor de mil millones de pesos en esos años difíciles para la economía nacional. La derrota del bandidismo en la isla corroboró la imposibilidad de alcanzar la victoria en una guerra de guerrillas contra un pueblo armado cuando este protagoniza una Revolución. Sobre el tema, Fidel ha explicado que se siguió la táctica militar de rodear la zona, infectada de alzados y bandidos, situar una escuadra en cada área e ir limpiando cuadrante por cuadrante, utilizando el cerco. Esto fue lo que afirmó en su entrevista con Ignacio Ramonet:

> Nos costaron más vidas las luchas contra bandidos que la propia guerra contra Batista. (...). Ellos utilizaron la Sierra del Escambray, en la región central del país, pero nosotros enviamos allí a 40 mil hombres, todos voluntarios y provenientes de la capital.

"No decimos cree, sino lee"

Una vasta Campaña Nacional de Alfabetización se preparaba en todo el país desde 1960, que intentaba llevar la luz de la educación, la lectura y el saber a los rincones más apartados de la geografía. Ya al mismo inicio de la Revolución, el joven estadista había dicho que a los jóvenes cubanos no les decimos: "cree", sino "lee". Entonces, impulsada y atendida personalmente por Fidel y puesta en práctica desde 1961, a pesar de las contingencias militares, dicha batalla contra la ignorancia contó con el accionar de muchos jóvenes alfabetizadores, que de manera voluntaria, con su manual *Alfabeticemos* y su cartilla *Venceremos* bajo el brazo, se diseminaron por todo el territorio y vivieron hasta en las casas de los campesinos para cumplir su tarea educativa; tan solo en un año, se alfabetizaron 707.000 cubanos. Se ha dicho que la preocupación del Comandante por esa tarea fue tan grande que llegó, incluso, a asumir interinamente como ministro de Educación, durante el tiempo que el Dr. Armando Hart Dávalos permanecía en los países socialistas al frente de una delegación cultural.

Bajo el aliento de la cruzada revolucionaria del saber, se inició la educación de adultos y se crearon las facultades obreras y campesinas que posibilitaron la apertura de las puertas de la universidad a los trabajadores; se crearon aproximadamente diez mil aulas nuevas; se incrementaron los maestros de las zonas rurales; se desarrolló el plan de estudios "Ana Betancourt" para muchachas campesinas en las que se matricularon cerca de 150.000 alumnas, y fueron creadas las Facultades de Obreros y Campesinos, con el fin de facilitar una mejor educación a los adultos que les permitiera optar por realizar estudios universitarios o cursos de nivel medio superior de calificación técnica para elevar los conocimientos de los trabajadores contribuyendo al desarrollo de Cuba. Ya el 2 de diciembre de 1961 Fidel constituyó el Consejo Nacional de Cultura, actual Ministerio de Cultura, al que se le encargó el desarrollo de una red de bibliotecas populares para facilitar el acceso de la ciudadanía a los libros.

Por eso, cuando el 22 de diciembre de 1961, Cuba se declara Territorio Libre de Analfabetismo, y más de 700 mil cubanos aprendieron a leer y a escribir, colocando a Cuba entre las naciones con más bajo índice de analfabetismo en el mundo, el Comandante Fidel, en la Plaza de la Revolución, resumiendo esa epopeya dijo:

> Ningún momento más solemne y emocionante, ningún instante de legítimo orgullo y de gloria, como este en que cuatro siglos y medio de ignorancia han sido derrumbados. Hemos ganado una gran batalla (...). Esa capacidad de crear, ese sacrificio, esa generosidad de unos hacia los otros, esa hermandad que hoy reina en nuestro pueblo. ¡Eso es socialismo!

Se cuenta que Fidel conoció a su actual esposa Dalia Soto del Valle, "Lala" para sus allegados, entonces una hermosa y joven maestra rubia, de ojos verdes, oriunda de la ciudad de Trinidad, en el centro de la isla, durante la Campaña de Alfabetización. En una visita a la región, en 1961, la vio cartilla en mano en los trajines de la enseñanza, en casa de unos campesinos, en un lugar cercano a la finca donde ella vivía. Desde entonces comenzaron a tener una relación de

Dalia Soto del Valle, la actual compañera de Fidel y madre
de sus cinco hijos (de los siete que se
conocen públicamente).

pareja, sin casarse. Posteriormente, tienen una familia de cinco hijos, (de los siete que se le conocen públicamente): Alexis, Alex, Alejandro, Antonio y Ángel, cuyas edades van de los 30 años a los 42 años, aproximadamente, quienes residen de manera anónima en la isla. Junto a ellos, además de sus nueras y nietos, viven en una residencia de dos plantas en la zona oeste de La Habana, cerca de la playa de Jaimanitas, llamada por los órganos de seguridad cubana, el Complejo Punto Cero, un mundo cerrado y supervigilado para mantener la privacidad.

La selección de los nombres, todos con la letra A, pudiera explicarse porque el líder se llama Fidel Alejandro, su padre era Ángel Castro y él mismo ha confesado su admiración por la figura del rey y guerrero macedonio Alejandro Magno (Pella, Macedonia, 356 - Babilonia, 323 a.C.), cuyas hazañas guerreras y políticas le convirtieron en uno de los mitos más atractivos de la historia.

Una de sus ex nueras Idalmis Menéndez, ex pareja de Alex, que vivió en el Complejo Punto Cero y luego escapó a los Estados Unidos, ha contado que se le ve poco en el lugar, pero

> los sábados y domingos, en cambio, a mi suegro le gustaba tener a todos a su alrededor. Comíamos juntos, íbamos a alguna de las residencias de verano en la playa a pescar con el yate. Fidel es muy noctámbulo. Si no tenía actos oficiales, pasaba el día en la casa leyendo o hablando por teléfono. Sobre las ocho, se iba a su despacho en el Palacio de Gobierno, de donde no regresaba hasta bien entrada la madrugada. Se levantaba muy temprano y le gustaba echar una siesta, al mediodía.

Antonio Castro, uno de los hijos de Fidel, es médico del
equipo nacional de béisbol.

"JOYAS" ESCONDIDAS DE LA CIA

En una reciente desclasificación, en julio de 2007, de archivos de los servicios de inteligencia norte-americanos, conocidos como "Las joyas de la familia", de casi 700 páginas, con análisis, reportes y cartas, acerca de las actividades ilegales y clandestinas de la CIA, entre los años 1959-73, se ha sabido que no solo vigilaban personalidades, artistas e intelectuales opuestos a la guerra de Viet-Nam, sino realizaban escuchas telefónicas, vigilancia de periodistas, tramaban asesinatos de estadistas y hasta experimentaron con drogas en seres humanos para controlar sus mentes. En dichos documentos ha quedado demostrado que una de las figuras más intensamente perseguidas ha sido Fidel Castro, contra quien se fraguaron alrededor de 600 atentados en distintas fases de desarrollo, llegando incluso a ejecutarse fallidamente más de un centenar, con la participación de agentes de la CIA y opositores cubanos exiliados en Miami.

Sus páginas recogen desde infantiles caramelos envenenados, polvos en los zapatos para la caída de la barba (en ese momento todo un símbolo revolucionario), tabacos habanos explosivos, ametralladoras escondidas en una falsa cámara de televisión, bombas que simulan fósiles marinos, bolígrafos explosivos, intentos de explosionar una tribuna donde debía dar un discurso y hasta el reclutamiento de Marita Lorenz, una alemana, nacida en Bremen, en 1939, con quien el líder cubano mantuvo una relación amorosa. Se sabe que su padre, Heinrich Lorenz era el capitán de un lujoso barco, que viaja a La Habana en febrero de 1959 y es visitado por Fidel, que queda prendado de la alemanita de 19 años. "Un flechazo a primera vista", diría ella.

Pese a las advertencias de su progenitor, Marita bajó a tierra decidida a quedarse junto al guerrillero y el romance duró ocho meses. "Serás la reina de Cuba", ha contado le prometió Castro (Berti, Eduardo, *La Mata Hari de Fidel*, Pag.30, Argentina, enero de 2002).

Después quedó embarazada de Fidel y secuestrada por comandos, presuntamente de la CIA o del gobierno cubano, fue drogada y sometida a un aborto, el 18 de septiembre de 1959. Tiempo después concluye la relación amorosa con el líder y Marita regresa a Nueva York, donde es reclutaba por el agente de la CIA Frank Sturgis y entrenada para envenenar al joven revolucionario. Cuando volvió a reunirse con él en una suite que Castro tenía en el Hotel Habana Libre, durante su etapa errante de los inicios de la revolución, este le dijo :

—Sé que vienes a matarme.

Ella no sabía si hablaba en broma o en serio, pero por temor resolvió arrojar por el sanitario las cápsulas de veneno que le habían dado.

"El amor fue más fuerte. Hice el amor con él y le entregué los 6 mil dólares que me había dado la CIA para la misión", escribió la alemanita, en su autobiografía, mucho tiempo después. En la actualidad ella vive en un hogar de retiro, en Nueva York.

8

Crisis de los misiles (1962) y nuevos peligros

> Nada de lo circundante me es ajeno. Esto lo hice
> yo, aquello, lo vi construir; lo de más allá, lo
> padecí o maldije. Pero formé parte del espectá-
> culo —bien como primera figura, bien como
> corista o comparsa…
>
> Alejo Carpentier, *Ensayos*.

Fue de esos milagros que ocurren pocas veces. Aquel 27 de octubre de 1962, estuvimos a unos segundos de que se desencadenara un intercambio nuclear entre Estados Unidos y la URSS en aguas del Caribe, durante lo que después se denominó la "crisis de los misiles cubanos". De haber ocurrido aquel incidente hubiera desaparecido del mapa para siempre el hemisferio norte y como dice el poeta y sociólogo español, Jorge Riechman "la muerte glacial se hubiera apoderado de un planeta destruido por los megatones de radioactividad".

Ese día, se ha sabido después, en la Conferencia Internacional sobre la Crisis de Octubre, celebrada en La Habana en el 2002, se encontraron un destructor estadounidense y un submarino soviético equipado con torpedos nucleares, que escoltaba a un buque mercante en aguas cubanas. El destructor tiró varias cargas de profundidad contra el submarino, desconociendo el armamento que llevaba y las cargas explotaron justo al lado del casco. A partir de ese momento, en el submarino que llevaba 17 horas sumergido reinó el caos, el espanto de los marineros y los oficiales gritaban al capitán que lanzara los torpedos nucleares y acabara de hundir al destructor americano.

El sumergible no pudo establecer comunicación con su base en Moscú para informar el suceso y, por las reglas militares de esa nación, estaba autorizado a emplear su armamento de manera autónoma, bastaba con que los tres principales oficiales dieran su aprobación. Entonces ocurrió el milagro: el comandante adjunto, un ecuánime marino, llamado Vasili Arjipov, con poder de decisión jerárquico, votó en contra y logró calmar al capitán del submarino evitando la hecatombe, a pesar de que todos, en ese momento, se preguntaban si por encima de la superficie marina no había ya estallado la Tercera Guerra Mundial.

A los pocos instantes, las cargas de profundidad que le quedaban al destructor estadounidense volvieron a su lugar en el cuarto de torpedos, debido a una llamada urgente de alerta desde Washington, quince minutos después de que el embajador soviético Anatoly Dobrynin advirtiera al presidente John F. Kennedy (1917-1933) de la gravedad de la situación y este enviara un mensaje al presidente soviético, Nikita Kruschev (1894-1971). Entonces, el submarino volvió a salir a la superficie. En la mañana del 28 de octubre, el dirigente moscovita retiraba los misiles de Cuba, a cambio de la salida de los misiles nucleares norteamericanos de Turquía.

Al margen de la anécdota, ¿qué fue realmente la crisis de los misiles, donde Kennedy, Kruschev y el Comandante Fidel Castro tuvieron una participación protagónica? La "Crisis de Octubre", como también se la conoce en la isla, estalló en 1962 cuando Estados Unidos descubrió que la entonces Unión de Repúblicas Socialistas Soviéticas estaba instalando en Cuba una decena de rampas de lanzamientos para proyectiles nucleares de medio alcance (IRBM), junto a los equipos técnicos y humanos encargados de su control y funcionamiento. Ello dio lugar a una crisis internacional de consecuencias imprevisibles pues el mundo estuvo al borde de una guerra termonuclear, donde se puso a funcionar el juego de las estrategias de las dos máximas potencias mundiales.

Todo comenzó cuando, diez meses después de la derrota norteamericana en Playa Girón, los soviéticos obtuvieron información sobre la existencia de planes concretos de Estados Unidos de invadir la isla, con el empleo directo de fuerzas navales, terrestres y aéreas y lo comunicaron a Cuba, su nuevo aliado en el bloque socialista. Después de varias reuniones entre altos funcionarios del partido comunista y militares soviéticos con Fidel, Raúl, Dorticós, Guevara, donde se discutió cómo evitar dicho ataque y de paso cómo mejorar la correlación de fuerzas estratégicas a favor de la URSS en la zona, equivalente a la ventaja obtenida por Estados Unidos con la presencia de proyectiles similares en países vecinos a Moscú, como Turquía e Italia.

Fidel, ya consustanciado con el tema, adoptó una posición que no resultó juiciosa y madura en su momento, entendiendo que

Fotografía aérea que muestra y señala el lugar de instalación de los misiles en noviembre de 1962.

> si se trataba de proteger a Cuba de un ataque directo de Estados Unidos y fortalecer a la URSS y al campo socialista, estábamos de acuerdo con la instalación de los cohetes de alcance medio que fueran necesarios.

Ello trajo consigo el envío de 42 proyectiles nucleares de alcance medio, junto a la promesa soviética de contribuir al reforzamiento de las fuerzas navales, áreas y terrestres, para lo que enviarían lanchas coheteras, un regimiento de aviones MIG-21, cuatro brigadas de infantería motorizada equipadas con blindados y tanques y un regimiento de armas nucleares, "que en el momento de estallar la crisis ya disponía de todas sus ojivas nucleares y cuyo jefe ya tenía facultades para emplear aquellas armas sin necesidad de órdenes superiores", ha apuntado Fidel en su megaentrevista con Ramonet. Se mandarían, además, baterías de cohetes-tierra aire de

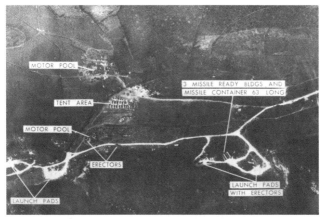

Foto aérea que muestra el sitio de lanzamiento de misiles
MRBM N.° 2 ubicado en Sagua La Grande

defensa antiaérea, con 30 kilómetros de alcance
para proteger las armas nucleares estratégicas.

El gobierno norteamericano detecta las instalaciones para esos misiles en suelo insular,
entre el 14 y el 16 de octubre. Un avión espía
U-2, que vuela a gran altura, toma fotos de las
rampas de lanzamiento. Además, ya poseían
información, como se ha sabido después, gracias
al coronel Oleg Penkovsky (1919-1963), miembro de los servicios de información soviético,
agente encubierto norteamericano, quien facilita
los lugares de emplazamiento. Así, solo les
quedó buscar la prueba material con las fotografías. El 22 de octubre se desata la crisis y los
gobiernos de la URSS y los Estados Unidos
comienzan a discutir a nivel diplomático y públicamente acerca del carácter defensivo u ofensivo
de las armas que se estaban enviando a la isla.
Fidel, años después, ha examinado estos hechos
equívocamente, diciendo que

la URSS no tenía ninguna necesidad de entrar en esas explicaciones, pues lo que Cuba y los soviéticos hacían era totalmente legal y con apego estricto al derecho internacional.

Se sabe que Washington respondió con un bloqueo naval de su armada a la isla y exigió la retirada de los misiles. Durante 13 días el mundo estuvo cerca del conflicto nuclear; incluso el 27, una batería soviética de cohetes antiaéreos SAM, en la provincia de Oriente, derriba un avión espía norteamericano U-2 y se alcanza el momento de mayor tensión. Pero el 28 de octubre de 1962, la Unión Soviética acepta unilateralmente (o sea, sin previa consulta con el gobierno cubano) retirar los proyectiles, a cambio de la promesa estadounidense de no invadir Cuba y de la retirada de los misiles estadounidenses Júpiter instalados en Turquía. El gobierno cubano queda marginado de las negociaciones y conocerá la noticia por un cable de la agencia soviética TASS, fechado el 28 de octubre.

El orgullo de Fidel Castro quedó muy herido.

Durante todo ese tiempo, el intercambio epistolar entre Fidel y Nikita Kruschev fue muy intenso. Se ha conocido, posteriormente, que el Comandante le reprochó el manejo político y militar incorrecto que hizo de la cuestión, porque aquello era —a juicio del guerrillero— una batalla política y en ese tipo de contiendas "no se puede perder la moral acudiendo a disfraces y mentiras".

Lo cierto es que Kennedy salió muy fortalecido de esa crisis, en tanto demostró su capacidad y cintura política para instrumentar una respuesta efectiva ante tamaño conflicto, a pesar

Kruschev en una cumbre junto al líder cubano Fidel Castro.

de los intereses de los grupos militares norteamericanos que le presionaban para que atacara
aquellos emplazamientos en la isla, sin medir las
repercusiones. Uno de sus asesores en ese momento, Arthur Schlesinger, al calcular la crisis,
afirmó:

> Este no fue solo el episodio más peligroso de la
> Guerra Fría, fue el más peligroso para la historia
> de la humanidad.

Mientras, en las calles de la isla el pueblo
coreaba: "¡Nikita, mariquita, lo que se da no se
quita!".

Durante aquella etapa de crisis, Fidel apenas
dormía y estaba muy tenso; junto a su hermano
Raúl discutían fuertemente cada situación, pues
querían tenerlo todo bajo control, desde un refugio antinuclear convertido en puesto de mando,

construido en La Habana. Al final, se sintieron decepcionados del accionar de las autoridades soviéticas porque el acuerdo con Estados Unidos ignoraba o prescindía, de facto, de la opinión de las autoridades cubanas. Fidel hizo saber que las garantías de no atacar Cuba de las que hablaban los americanos no eran tales, si no se adoptaban otras medidas, conocidas como los Cinco Puntos, cuyo contenido fue exigido vanamente:

1. cese del bloqueo,
2. cese de los vuelos espías
3. cese de las actividades subversivas,
4. cese de los ataques piratas y
5. devolución del territorio cubano que ocupan los estadounidenses en la Base Naval de Guantánamo, en el oriente insular.

No por gusto en aquella conferencia internacional del 2002 —cuarenta años después— para reflexionar sobre la llamada "Crisis de Octubre", el entonces presidente de los Consejos de Estados y de Ministro de Cuba, ya más maduro y reflexivo por el paso de los años, pero obstinado como siempre, planteó:

> Tal vez algunos piensen que la dirección cubana no fue juiciosa, pero nuestras decisiones partieron de puntos de vista que la historia no ha desmentido.

Riesgos de lo nuevo

A partir de ese momento, se producirá en la isla un proceso de sovietización, pues el joven caudillo —con gran capacidad de maniobra y reconocidas habilidades para atemperarse a las coyunturas históricas con el fin de sacar réditos

políticos hasta en las peores circunstancias—
precisaba de una potencia que le asesorara y
ayudara a construir institucionalmente un país, al
que le urgía estructuración y subvenciones
monetarias, para la adquisición de combustible,
armamentos, comida, medicamentos, materias
primas y hasta asesoría técnica y científica. La
dependencia casi total de la isla a los mercados
de Estados Unidos y los vínculos de la economía
insular, durante más de 50 años, con la metrópoli
complicaban más la situación y era menester
buscar nuevos socios. Entonces, en la misma
medida en que los Estados Unidos recrudecían
su política de asfixia económica y sus agresiones
terroristas de todo tipo, Fidel radicalizaba su
discurso y buscaba nuevas salidas y apoyos entre
los países del bloque socialista y, especialmente,
en la URSS. Ello explica su primer viaje oficial
a Moscú, en abril de 1963 y los compromisos de
la URSS de adquirir 2 millones 700 mil toneladas de azúcar cubana, la firma de un convenio
multilateral ventajoso de pagos y créditos y el
compromiso soviético de construir una máquina
cosechadora de caña de azúcar que incrementa-
ría la producción de ese cultivo en la isla. Era
preciso modificar la estructura del comercio
insular, en un país donde ahora el Estado ejerce-
ría el monopolio absoluto del comercio exterior
y gran parte del interior.

Fracasadas todas las agresiones, Estados
Unidos pasó a aplicar el bloqueo económico
contra la isla, dirigido a boicotear el intercambio
comercial cubano con otras naciones. Primero,
fue el anuncio del Departamento del Tesoro
norteamericano de prohibir la entrada a su país
de cualquier artículo elaborado, en todo o en
parte, con productos de origen cubano; poste-

riormente, la resolución de que las mercancías compradas con dinero estadounidense no serían embarcadas en naves extranjeras que hubieran mantenido tráfico comercial con Cuba, después del 1 de enero de 1963, lo que dio inicio a la creación de una "lista negra", que ha llegado a abarcar más de 500 barcos de países que no se han plegado al bloqueo yanqui. Ya el 8 de julio de ese año, Estados Unidos establece la congelación de todos los bienes cubanos en territorio norteamericano y la prohibición de toda transferencia en dólares hacia o desde Cuba, así como cualquier otra operación financiera efectuada a través de terceros países, congelando valores, cercanos a 30 millones de dólares, que entonces tenía el gobierno insular en Washington; además de impedir a los ciudadanos norteamericanos viajar a Cuba. Tres días después solicita de España, Gran Bretaña y México la suspensión de tráfico aéreo con La Habana. Por si fuera poco, en mayo del año siguiente, el Departamento de Comercio de Estados Unidos implanta ya oficialmente la prohibición total de embarques de alimentos y medicinas a La Habana y el Comandante responde: ordena confiscar la embajada de Estados Unidos el 24 de julio. Después vendrían otras legislaciones imperialistas más restrictivas, en marzo de 1996, como la Ley Helms-Burton (que establece que cualquier compañía no norteamericana que tiene tratos con Cuba puede ser sometida a represalias legales y que sus directivos pueden ver prohibido su ingreso en los Estados Unidos).

Ya en esos primeros años, el comercio exterior cubano cambió totalmente: de un 75 % con los Estados Unidos, pasó a ser casi un 80 % con los países socialistas. Ello requería de una trans-

formación y organización muy grande y no falta-
ron momentos de crisis y roces con las naciones
socialistas, algunas de las cuales querían trasla-
dar patrones capitalistas en sus intercambios con
La Habana. En ese sentido, Guevara, quien se
desempeñó en varios cargos relacionados con lo
económico (léase Director del Departamento de
Industrialización del Instituto Nacional de Reforma Agraria y después como Presidente del
Banco Nacional), fue un visionario y estuvo
todo el tiempo alertando o discutiendo con Fidel
de la necesidad de no copiar esquemas soviéticos burocráticos y hasta paternalistas, que en nada tenían que ver con la idiosincrasia cubana.

El 6 de agosto de 1963 muere Lina, la madre de Fidel y uno de sus grandes afectos. Los
restos de Ángel y Lina, junto a los de sus abuelos maternos, Dominga González y Francisco
Ruz, yacen enterrados en un pequeño panteón
familiar de mármol blanco, en los predios de la
finca de Birán, donde antes funcionaba un pequeño cine de 16 milímetros.

A la par que se intentaba reordenar económicamente, el gobierno revolucionario trató de
organizarse institucionalmente, y a reforzar las
tareas internas de la construcción socialista. El 3
de octubre de 1965, después de un largo proceso
de reuniones internas y de consultas en la base
(léase fábricas, unidades militares, centros de
estudios, cooperativas campesinas, etc.), donde
el líder revolucionario jugó nuevamente su rol
de cerebro pensante y estratega, es elegido el
Secretario General del Partido Comunista de
Cuba (PCC) y el cargo le es conferido a Fidel.
Además, se constituye el Primer Comité Central
del PCC, con secretariados provinciales y muni-
cipales y núcleos en las bases.

Ese fue un largo proceso que, descrito de manera simplificada, llevó a la fusión y desaparición —no sin fricciones y controversias por ciertas posiciones sectarias— de fuerzas que habían jugado un papel importante durante la lucha contra Batista, sobre todo en la sierra y el llano, como el M-26-7, el Directorio Revolucionario "13 de marzo", el PSP y otras organizaciones revolucionarias integradas y estudiantiles.

Obligado por las nuevas circunstancias económicas y políticas, Fidel decide cambiar su estilo de trabajo y se impone un cierto orden de vida y hasta una agenda de Primer Ministro y figura central del Partido. Dedica varias horas a los asuntos de rutina en su oficina del Palacio de Gobierno, ubicada detrás de la histórica Plaza de la Revolución, donde lee hasta cincuenta documentos diarios: resúmenes de Inteligencia, síntesis cablegráficas, informaciones internas del partido, se reúne con funcionarios gubernamentales, encomienda tareas y proyecta los nuevos pasos del gobierno con un estilo cerrado, receloso y compartimentado, que impone como reglas de juego, "en un país en permanente acoso enemigo", como gusta decir. Después, en medio de la construcción de ese metarrelato de la realidad que tiene el poder, con mucho de ficción, idealismo y utopía, el líder se desplaza a las bases para conocer *in situ* el funcionamiento y las problemáticas sociales. Ha contado García Márquez que, en oportunidades, muchos funcionarios, para tapar sus faltas e incompetencias burocráticas que perjudican todos los órdenes de la vida doméstica en la isla, intentan escamotearle la verdad y se la edulcoran.

Él lo sabe. A un funcionario que lo hizo, le dijo: "Me ocultan verdades por no inquietarme, pero cuando por fin las descubra me moriré por la impresión de enfrentarme a tantas verdades que han dejado de decirme".

Muerte del guerrillero Ernesto

En octubre de 1967, Fidel anuncia en la Plaza de la Revolución, la muerte del Comandante Ernesto Che Guevara. Él había caído capturado por una patrulla militar de rangers bolivianos y fue asesinado por órdenes expresas del presidente de Bolivia, general René Barrientos, quien a su vez cumplía órdenes precisas de la CIA, en La Higuera, un pueblito perdido en la selva. El Che murió cerca de la Quebrada del Yuro, el 9 de octubre de 1967, cuando él y un pequeño grupo de combatientes cubanos, peruanos y argentinos, interesados en promover e internacionalizar focos guerrilleros de liberación, luchaban en la selva, desde finales de 1966 con el fin de instaurar una revolución socialista en Bolivia. Una primera ráfaga de ametralladora, tirada a quemarropa, le destrozó las piernas, la segunda le taladró un brazo y el corazón. Días antes al anuncio oficial, las autoridades cubanas habían recibido, como prueba final de la desaparición física, las dos manos amputadas y los diarios de guerra secuestrados del comunista argentino-cubano, quien desde marzo de 1965 se había marchado clandestinamente de la isla para organizar su guerrilla.

La consternación del pueblo cubano fue inenarrable, siempre tuvo un cariño especial por Ernesto y lloró su muerte. Aún hoy, muchas

El 9 octubre de 1967 el Che Guevara muere asesinado por
órdenes del presidente de Bolivia el general René Barrientos
quien, a su vez, seguía lo dictado por la CIA.

Días antes al anuncio oficial, Fidel había recibido, como prueba de la verdadera desaparición del Che sus dos manos amputadas y sus diarios de guerra.

versiones hablan de los desacuerdos entre el Che y Fidel —por visiones distintas en la construcción socialista, de enemistades y discusiones fuertes porque el argentino era el único que le señalaba los errores en la gestión— y de una escapada guevarista como excusa para no seguir dentro del gobierno isleño. Incluso algunos de sus ex compañeros creen que Guevara fue abandonado a su suerte por el estadista cubano.

Ya, para esa fecha, en la isla habían dado inicio los arrestos contra los militantes implicados en el proceso de la microfracción en el seno del PCC, acusados por Fidel de actuar desde supuestas posiciones revolucionarias que, según sus palabras, no enmascaraban más que actitudes revisionistas, sectarias, con ambiciones oportunistas y en abierta oposición ideológica a la línea del partido único. La depuración en nombre de la revolución frente al "sectarismo" veterano comunista fue severa y 36 de los integrantes de ese movimiento disidente fueron condenados como contrarrevolucionarios y pasaron largos años en presidio en la isla. Entre ellos, se destacaba por sus argumentos más duros, Aníbal Escalante, figura directriz del PSP, quien criticaba ya el culto a la personalidad de Fidel, su voluntarismo, la burocracia asfixiante, el improductivo monopolio estatal y la autocracia como fórmula de mando en el país.

El catedrático español de Ciencias Políticas, Antonio Elorza, en uno de sus trabajos, publicado en la web en noviembre de 2002, ha analizado que

> la secuencia de las democracias populares se invierte, y no es el PCC quien conquista el poder eliminando al gobernante en ejercicio, sino que es este el que domestica al partido, colocándole en la posición de agente de cohesión de su propio poder en la administración y el control de los cubanos. Por única vez en la historia de los comunismos del siglo XX, un partido comunista ha de someterse a un caudillaje exterior a él en su origen. Hasta hoy en Fidel y no en el PCC reside el centro de decisiones del Estado en Cuba.

Para entonces, "la garantía de continuidad de la Revolución estaba asegurada", decía convencido el máximo líder desde su trinchera insular.

9

Internacionalismo fidelista (1975) y otras contiendas

> A aquel hombre le pidieron su tiempo
> para que lo juntara al tiempo de la Historia (…).
>
> Heberto Padilla,
> "En tiempos difíciles", de *Fuera del juego*.

1970 iba a ser monotemático para los isleños y por si fuera poco declarado por Fidel el "Año de los 10 millones". A partir de ese momento, todo el esfuerzo ciudadano estuvo encaminado a hacer realidad otra de las megalomanías del máximo guía, que sobresale cuando de ineficiencias económicas se habla: la Zafra de los 10 millones de toneladas de azúcar, que terminó siendo un gran fracaso político y moral para el pueblo. Ya, en 1969, el titular del ministerio del Azúcar, Orlando Borrego Díaz, un colaborador cercano de Guevara, había alertado al Consejo de Ministros que dicha "aventura" no era posible por razones materiales y humanas: falta de insumos, problemas con la capacidad de la cosecha y escasez de mano de obra, por lo que existían muchas señales acerca de la necesidad de reducir ese objetivo, con metas más realistas, pero ya nadie escuchaba. Entonces fue incriminado de "blandengue y sietemesino" por Fidel y Raúl y posteriormente removido.

Dando muestras de ese idealismo inclaudicable y con el pretexto de mantener encendido el "fuego revolucionario", propio de la propaganda movilizadora comunista de la que ha sido un verdadero artífice, Fidel proyecta realizar una zafra azucarera decamillonaria, toda una proeza productiva para la época (la máxima producción había sido de 6 millones de toneladas, en 1965). Entonces es cuando el Comandante en Jefe lanza su obstinada frase: "Y de que van, van... los diez millones van". Ese año, hasta el conocido compositor cubano Juan Formell se apropia del sonoro estribillo para darle el nombre a la orquesta de música popular, que formaba: "Los Van Van".

Históricamente, la cosecha y producción de la dulce gramínea era la base de la economía insular debido a la larga tradición monoproductora y, en esos momentos, urgía mejorar la situación económico-financiera del país, pero también proceder a la industrialización y la diversificación de los cultivos. Es cuando, para llevar a buen puerto la "gran iniciativa gubernamental" y ante la imposibilidad de alcanzar los objetivos perseguidos por métodos normales, Fidel dirige personalmente la megazafra acudiendo a recursos extremos, como ordenar el año anterior, la siembra extensiva de caña de azúcar en grandes cantidades de tierra, en detrimento de los otros cultivos. Además, moviliza la mayor cantidad de personas, (incluyendo a las Fuerzas Armadas), haciendo obligatorio el trabajo "voluntario" y paralizando, prácticamente, la nación, que dedicó todas sus energías, entre

1969-1970, a hacer realidad aquella obsesión del caudillo que dejó exhausto al país.

Después de la entereza nacional puesta para alcanzar la ansiada meta, Fidel se ve obligado a reconocer su derrota en un acto público, cuando confiesa que solo pudo alcanzarse 8.121.000 toneladas, dando inicio el desplome de la producción cubana de azúcar y los constantes reveses económicos, del que no se logrará recomponer la agroindustria hasta la actualidad, en tanto se destruye toda la superestructura social y económica sobre la cual descansaba y los patrones laborales.

Dicho fracaso entrañó la completa dependencia económica de Cuba respecto de la URSS (antes era de Estados Unidos), que se selló con la entrada al bloque económico socialista europeo, denominado Consejo de Ayuda Mutua Económica (CAME) en 1972, entidad que promovería la especialización económica entre sus socios y los protocolos anuales bilaterales para garantizar la colocación en mercados externos de una parte importante de los renglones de exportación, donde a la isla le tocaría abastecer al resto de los miembros de azúcar, níquel, cobalto y cítricos, en detrimento del desarrollo de otras líneas productivas y se viviría pendiente de la llegada de otras materias primas, indispensables para la industria nacional.

UN QUINQUENIO MUY GRIS

La dependencia de la revolución a la política de la URSS trajo sus consecuencias, además, en el terreno de las artes y la cultura, pues se trataron de imponer esquemas propios del "realismo socialista" al quehacer literario cubano y se aplicaron una serie de castigos, expulsiones, persecuciones, silenciamientos, y abusos de autoridad, con el consenso de las más altas autoridades gubernamentales en la comunidad creativa insular.

Se trató de forzar la creación de una literatura "didáctica y formativa" repleta de "héroes positivos" y la omisión de contradicciones antagónicas en el "seno del pueblo", junto a la censura de todo lo que se apartara de esos cánones asfixiando las discusiones de las ideas. Fue así que surgió lo que fue denominado por el ensayista cubano Ambrosio Fornet, el "Quinquenio Gris" en la cultura cubana, que abarcó casi un decenio, donde fueron cerrados el Departamento de Filosofía de la Universidad de La Habana y hasta la revista *Pensamiento Crítico*, entre otros sucesos.

En esta etapa juega un rol central el comisario político Luis Pavón Tamayo, quien presidió el Consejo Nacional de Cultura (CNC) entre 1971 y 1976 y es considerado la mano ejecutora del PCC de esa política que censuró, empujó al exilio y marginó en esos años a cientos de intelectuales y artistas cubanos, incluidos escritores que fueron condenados a la muerte civil, como el autor de la célebre novela *Paradiso*, José Lezama Lima (1910-1976); el dramaturgo y novelista Virgilio Piñera (1912-1979); el novelista y poeta Reinaldo Arenas (1943-1990), que luego fallece en el exilio estadounidense y el cubanísimo narrador y ensayista Guillermo Cabrera Infante (1929-2005), quienes murieron sin ser reivindicados. Fue la época de la llamada parametración, materializada en la exclusión de artistas y estudiantes por sus creencias religio-

La Revolución de Fidel empujó al exilio y marginó a cientos de intelectuales y artistas cubanos, incluidos escritores que fueron condenados a la muerte civil, como al célebre autor José Lezama Lima (1910-1976).

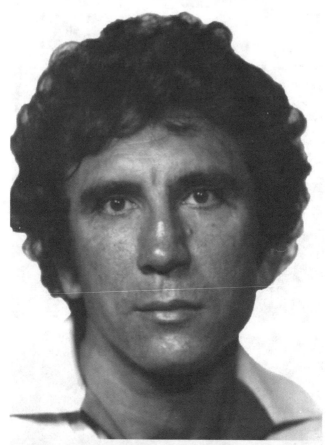

Reinaldo Arenas sufrió persecución por su orientación sexual y por su oposición al régimen. Fue encarcelado, torturado y sus manuscritos secuestrados por la Seguridad del Estado. *Antes que añochezca*, autobiografía escrita en el exilio en Nueva York, cuando estaba enfermo de Sida, es un canto a la tolerancia y la libertad plena.

Guillermo Cabrera Infante fue retenido en 1965 por el
Servicio de Contra-Inteligencia cubana durante cuatro
meses, saliendo finalmente al exilio. Cabrera Infante y su
familia fueron a Madrid y luego a Barcelona. Tiempo
después, se mudó a Londres, donde se instaló
definitivamente.

sas, políticas o sus preferencias sexuales. Entonces, no cumplir los llamados "parámetros" estipulados institucionalmente implicó el cierre de colectivos artísticos, como el teatro de Guiñol (de títeres para niños); la salida a Unidades Militares de Ayuda a la Producción (UMAP), campamentos de trabajo rural, que perduraron tres años, donde fueron recluidos los intelectuales escrutados con parámetros oficiales, que en los hechos implicaban la discriminación de los homosexuales y Testigos de Jehová, como sujetos "inadaptados socialmente" de un proceso revolucionario machista y ateo; el rechazo a influencias artísticas occidentales; la negación de la obra de los emigrados o la censura de visiones criticas del país.

Ya en un encuentro con los intelectuales cubanos, en junio de 1961, en la Biblioteca Nacional José Martí, en La Habana, que luego trascendió como "Palabras a los intelectuales", con la participación de centenares de creadores y artistas cubanos y extranjeros, en un clima de optimismo revolucionario, Fidel sienta plaza con su famosa frase, convertida en verdadera espada de Damocles creativa:

> ...dentro de la Revolución, todo; contra la Revolución, nada. Contra la Revolución nada, porque la Revolución tiene también sus derechos; y el primer derecho de la Revolución es el derecho a existir. Y frente al derecho de la Revolución de ser y de existir, nadie por cuanto la Revolución comprende los intereses del pueblo, por cuanto la Revolución significa los intereses de la Nación, nadie puede alegar con razón un derecho contra ella.

Solo que en la aplicación estricta de ese principio, tan tergiversado después, quien, una vez más, decidirá dónde está el límite será la Revolución o lo que es lo mismo, el líder cubano, juez y cerebro medular del proyecto nacional.

Esta política trajo consigo el cierre de publicaciones, como *Lunes de Revolución*, al tiempo que nació la Unión de Escritores y Artistas de Cuba (UNEAC), un organismo burocrático encargado de poner orden y ejecutar la política partidista, que dará que hablar con el manejo que hizo del llamado "Caso Padilla", cuando el poeta cubano Heberto Padilla (1932-2000) obtiene el Premio Nacional de Poesía del Concurso Julián del Casals, de la UNEAC, con su libro *Fuera del juego*, evaluado por un jurado internacional. Este suceso lo convirtió en un abrir y cerrar de ojos, de un intelectual de 36 años, en un disidente ideológico, de un poeta en un traidor al proceso revolucionario, del cual estaba desilusionado. El creador vivió un calvario entre 1968 y 1971, con prisión inclusive, que tuvo su clímax con un famoso *mea culpa*, impuesto por sus censores, pero nadie en la isla —por miedo— levantó su voz a favor del creador en desgracia. La situación provocó una tormenta de protestas en el exterior y marcó el quiebre de muchos intelectuales latinoamericanos y europeos con el gobierno de Fidel, debido a la intransigencia oficial contra cualquier opinión adversa (léase Jean-Paul Sartre, Simone de Beauvoir, Susan Sontag, Mario Vargas Llosa, Carlos Fuentes, Octavio Paz, Juan Goytisolo, etc.).

El caso de Heberto Padilla produjo la primera gran ruptura
de los intelectuales latinoamericanos con la Revolución
Cubana, hasta entonces apoyada por muchos. A los más
lúcidos les permitió vislumbrar el régimen totalitario en el
que se convertiría la isla.

ÁFRICA: UN NOMBRE EXTRAÑO

Con la muerte del Che no concluyen los compromisos de la Revolución Cubana hacia otros países en lucha independentista. Bajo el principio del internacionalismo proletario, patrocinado por el socialismo y por Fidel, la isla se convierte en sitio de entrenamientos y preparación militar de guerrilleros del Frente Sandinista, en Nicaragua; del Frente "Farabundo Martí" para la Liberación Nacional, de El Salvador; del Frente Patriótico "Manuel Rodríguez", que luchó contra el dictador de Chile, Augusto Pinochet y hasta de las guerrillas guatemaltecas. También, la isla participa en la suministro de armamento, sobre todo soviético, a esos grupos de liberación nacional y colabora con el envío de algunos asesores militares, como fue en el caso nicaragüense, después del triunfo sandinista, el 19 de julio de 1979.

Pero otra página estaba por escribirse en un terreno desconocido para el pueblo cubano: África. Dicha historia tiene sus antecedentes, cuando en 1961, el gobierno de Argelia, que luchaba por la independencia del colonialismo francés, solicita ayuda militar a Cuba para alcanzar ese propósito y el Estado envía un barco cubano con armas a las fuerzas argelinas que combatían contra el ejército de Francia y un grupo de 30 o 40 médicos para socorrer a los damnificados por las minas. Después, cuando esa nación, ya independiente, se vio nuevamente amenazada por la agresión de Marruecos, que contaba con el apoyo logístico de los Estados Unidos, por primera vez un batallón de combatientes cubanos, con tanques y dispositivos de visión nocturna, procedentes de la URSS, combatió en Tinduf, cerca del desierto de Sahara.

A partir de 1965, se inicia la colaboración militar cubana en las luchas por la independencia de Guinea-Bissau y Angola, que luchaban contra el colonialismo portugués, consistente, sobre todo, en el envío de oficiales instructores para el entrenamiento de las guerrillas, ayuda material, sanitaria, bélica y recursos económicos. En la primera nación, alrededor de 600 combatientes internacionalistas cubanos, de ellos 70 médicos, estuvieron luchando junto a las tropas guineanas de liberación por cerca de diez años hasta alcanzar la total independencia.

El conflicto de Angola enfrentó en una guerra civil al gobierno del Movimiento para la Liberación de Ángola (MPLA), encabezado por Agostinho Neto, sus aliados cubanos y de la SWAPO, que luchaba por la independencia de Namibia, contra la UNITA de Jonás Savimbi (negado a aceptar los resultados de los comicios electorales en ese país), el FNLA, Sudáfrica (cuyo ejército racista del apartheid estaba equipado, incluso, con armas atómicas) y Zaire, quienes recibieron asesoría, material bélico y soldados de Estados Unidos. Esa contienda se extendió desde 1975 hasta mayo de 1991, en que regresan los últimos soldados cubanos y dejó un saldo de 500.000 muertos, cuatro millones de refugiados y unos 100.000 mutilados angolanos, especialmente por minas antipersonales. En Angola cumplieron misión, durante más de 15 años, 300.000 soldados internacionalistas y cerca de 50 mil colaboradores civiles cubanos. La isla perdió a 2.077 combatientes, según cifras oficiales.

Precisamente fue Fidel uno de los principales estrategas militares de esa confrontación. Se puso al mando del accionar cubano en Angola, desde las oficinas del Ministerio de Defensa en La Habana, acompañado de su hermano Raúl, ministro de las Fuerzas Armadas, y frente a una maqueta de la región que tenía los detalles geográficos más inimaginables y con comunicaciones directas y partes militares sistemáticos con el Estado Mayor y los oficiales superiores, basificados en Angola. Como ha expresado García Márquez en una de sus crónicas (revista *Tricontinental*, Cuba, edición 53,1977),

> en aquel momento no había un punto en el mapa de Angola que Fidel no pudiera identificar, ni un accidente del terreno que no conociera de memoria. Su concentración en la guerra era tan intensa y meticulosa que podía citar cualquier cifra de Angola como si fuera de Cuba, y hablaba de sus ciudades, de sus costumbres y sus gentes como si hubiera vivido allí toda la vida. Al principio de la guerra, cuando la situación era apremiante, permaneció hasta 14 horas continuas en la sala de mando del Estado Mayor, y a veces sin comer ni dormir, como si estuviera en campaña. Seguía los incidentes de las batallas con los alfileres de colores de los mapas minuciosos y tan grandes como las paredes, y en comunicación constante con los altos mandos del MPLA en un campo de batalla donde eran seis horas más tarde.

Su táctica en la contienda, en aquella superficie de 1.246.700 kilómetros cuadrados de meseta interior húmeda, sabana seca y selva, con lluvias constantes, veranos calientes e inviernos templados africanos, consistió —según Fidel Castro— en la creación de

> grupos tácticos no mayores de mil hombres, fuertemente armados, con tanques, transportadores blindados, artillería y armamento antiaéreo, (...) más el dominio del aire, gracias a la audacia de aquellas unidades de MIG-23, que volando rasante y combatiendo se habían hecho dueñas del aire, frente a una potencia que disponía de decenas y decenas de los más modernos aviones de combate

Esta campaña militar recibió el nombre de "Operación Carlota".

Posteriormente, en marzo de 1977, el Comandante visita a los combatientes en Angola, cuando ya había comenzado a cumplirse el primer cronograma de retirada de las tropas isleñas y la tercera parte de los soldados internacionalistas ya descansaban en sus hogares en Cuba. Se trató, como la definió el Premio Nóbel colombiano, de

> (...) una guerra atroz, en la cual había que cuidarse tanto de los mercenarios como de las serpientes, y tanto de los cañones como de los caníbales, donde todo parecía posible, menos perder la guerra.

10

Anatomía de una desilusión

El aire es viejo, el fuego
se ha hecho astillas, ebrio
de oscuridad regreso de un vuelo a
la última premonición.

José Kozer,
en *Efory Atocha*.

Cuando la argamasa de cemento, arena y cabillas de acero del Muro de Berlín se comenzó a quebrar a golpes de mandarrias aquel 9 de noviembre de 1989, y se produjo la desintegración de la URSS y la dispersión del bloque socialista de Europa Oriental en 1991, dio inicio un verdadero colapso económico en Cuba, que había vivido muy dependiente de los envíos de petróleo y de materias primas de la URSS. Fidel oteaba en el horizonte los vendavales que se avecinaban y decreta el denominado "Período Especial, en tiempos de paz", desde agosto de 1990, poniendo, una vez más de relieve su costumbre de usar símbolos militares para movilizar a la población. Dicho proceso, que aún perdura, se traduce en una fuerte crisis económica y energética en todos los sectores de la economía y una reducción notable de todos los niveles de consumo y de vida de la población; es decir un estado de emergencia nacional que ocurre en tiempo de paz, pero cuyas consecuencias para el régimen han sido tan catastróficas como si se tratara de una verdadera guerra dentro de la alargada cartografía nacional.

Unos meses antes, los ciudadanos cubanos habían tenido otro momento agrio... una gota más para el desencanto, un verdadero cimbronazo en las altas esferas políticas y militares. En la madrugada del 13 de julio de 1989, caían bajo las balas de un pelotón de fusilamiento, cerca de la base aérea de Baracoa, al oeste de La Habana, el general de división de las Fuerzas Armadas Arnaldo Ochoa Sánchez (1930-1989) y algunos integrantes de la oficina MC, entre quienes se encontraban el coronel Antonio de la Guardia Font y sus subordinados el mayor Amado Padrón Trujillo y el capitán Jorge Martínez Valdés, en la Causa N.°1, de 1989, llevada adelante por un Tribunal Militar Especial, por el delito de "alta traición a la Patria y a la Revolución".

MC era una entidad del Ministerio del Interior autorizada a utilizar empresas fantasmas que, con el pretexto de eludir el bloqueo económico norteamericano, supuestamente se dedicaban a conseguir piezas de repuesto y otros artículos deficitarios en la isla. La sanción de pena de muerte fue una decisión unánime de los 31 integrantes del Consejo de Estado, amparada por la alta oficialidad de las Fuerzas Armadas, que alegaron que los implicados habían trasegado de 4 a 6 toneladas de cocaína; traficaban ilícitamente, además, diamantes y marfil y utilizaron el espacio aéreo, el suelo y las aguas territoriales para actividades de narcotráfico que comprometían al país entre 1987-89.

El general de división Ochoa, soldado de la columna de Camilo Cienfuegos, jefe de la misión militar en Nicaragua y posteriormente de la misión internacionalista en Angola y en Etiopía, el militar más condecorado de la historia insular, había sido arrestado el 12 de junio de ese año, en la oficina del Ministro de las FAR, Raúl Castro, por algunas irregularidades en el manejo de una cuenta en el exterior, y durante las investigaciones se descubren, además, las conexiones y complicidades de algunos integrantes del Ministerio del Interior con narcotraficantes del Cartel colombiano de Medellín, dirigido por Pablo Escobar Gaviria (1949-1993). En dicha causa, también es procesado por complicidad y condenado a 20 años de prisión, el general de división José Abrantes Fernández, ministro del Interior, quien había comenzado su carrera como integrante, y después llegó a ser Jefe de la escolta personal de Fidel. Posteriormente, en 1991, Abrantes muere sospechosamente de un infarto en la cárcel de Guanajay, en La Habana, donde cumplía su condena. Muchos secretos se llevaron a sus tumbas, cuantiosas verdades quedaron ocultas.

Disímiles versiones intentando explicar la precipitada urgencia con que sucedieron esos acontecimientos han apuntado que la *Drug Enforcement Administration* (*DEA*), organismo estadounidense de lucha internacional contra el tráfico de drogas, estaba al tanto de las operaciones de narcotráfico cubanas, desde el norte de la isla, y Fidel para limpiar su imagen utilizó este juicio para evitar cualquier agresión militar contra Cuba. Otra hipótesis asegura que estos oficiales cansados de combatir en otras naciones, bajo la influencia de las novedosas concepciones ideológicas que soplaban de la Unión Soviética y acostumbrados a ganar millones de dólares por comisiones de ventas y contrabandos (algunos, incluso, con cuentas en bancos panameños) aspiraban a alcanzar el poder político y por ello preparaban un golpe militar contra la dirección del país.

En su libro: *Dulces guerreros cubanos* (Editorial Seix Barral, 1999), el escritor cubano, en el exilio Norberto Fuentes, muy amigo de los condenados, quien incluso llegó a guardar unos 200.000 dólares de esas operaciones, ha escrito que el propio Fidel Castro estaba enterado del tráfico de drogas que llevaban a cabo sus hombres, que el centro de dichas operaciones ilegales se ubicaba en el Ministerio del Interior y que las verdaderas razones para aquella purga era el interés del líder de deshacerse de eventuales rivales en el seno del ejército y la inteligencia cubanas.

Búsqueda de mayores espacios

Ante la insolvencia de las arcas nacionales, la dirigencia se ve obligada a lanzar una apertura económica, que pone en peligro la planificación estatal dando inicio a un acelerado proceso de diferenciación social, en un proyecto que se preciaba de la igualdad social. Así surgen las empresas mixtas con capital extranjero, se autoriza el mercado libre campesino, se instauran las tiendas dolarizadas, la operación de empresas nacionales con dólares, la doble circulación monetaria: la coexistencia del peso y el dólar (1993); el fomento de la autonomía empresarial y la descentralización del comercio exterior, en tanto se precisaba estimular la producción de bienes de consumo para la exportación, a costa del mercado interno para obtener el máximo de divisas con las que adquirir productos esenciales, de los que se carecían. Eran todas medidas que apuntaban a la construcción de una sociedad capitalista de acumulación. Estos factores, asociados a las inequidades, la falta de control, la corrupción, abulia social, bajos salarios, ineficiencia productiva de un régimen burocratizado y el mercado negro, tienen una incidencia negativa en la moral y estado de ánimo de los trabajadores cubanos.

Fidel plantea, entonces, la necesidad de un "proceso de rectificación de errores y tendencias negativas", en el que fueron criticadas las reformas de los años precedentes y algunos dirigentes alejados de sus cargos; se prohibieron muchas actividades privadas, consideradas poco legales. El caudillo denuncia, en una de las sesiones de la Asamblea Nacional, que "hemos creado una clase de nuevos ricos", en alusión a pequeños comerciantes e intermediarios, que pueden llegar a ganar más que un médico especializado.

El 5 de agosto de 1994, se produce la llamada "crisis de los balseros" y el líder autoriza la salida del país a más de 35.000 ciudadanos hacia Estados Unidos, en lo que fue la tercera crisis migratoria (los anteriores éxodos habían ocurrido cuando el puerto de Camarioca, cercano a Varadero, en 1965 y a mediados de 1980, por vía Mariel, en La Habana). Ocho días antes de esa apertura de la frontera marítima, se produce un disturbio en un barrio popular de La Habana, como consecuencia del anuncio de una emisora anticastrista de Miami que proclamaba falsamente que venían barcos a buscar a todo aquel que quisiera salir y se aglomerara en el malecón habanero. Es entonces cuando Fidel, en abierto desafío al presidente estadounidense Bill Clinton, lo conmina a aceptar a todos los cubanos que deseen llegar a Estados Unidos y autoriza las salidas. Ello marcó el fin de una emigración desordenada pues por primera vez, en tres décadas, la política de fronteras abiertas para los cubanos que huían de la isla da un viraje radical, luego de que el mandatario norteamericano anunciara que los balseros serían interceptados en el mar y enviados a Guantánamo (una base militar estadounidense, en suelo cubano). Dicha decisión abre el camino a otros acuerdos bilaterales migratorios y condiciona un nuevo tratamiento para los cubanos en fuga: a partir de ese momento serán tratados como inmigrantes y no como refugiados políticos y los Estados Unidos se comprometen a otorgar 20 mil visas por año.

La visita de cinco días a la isla, en enero de 1998, del papa Juan Pablo II (1920-2005) trascendió los marcos estrictamente religiosos ya que se confiaba en que su gestión aceleraría el fin del bloqueo estadounidense y propiciaría la prosperidad, mientras los católicos esperaban ganar más espacio para su iglesia y confortar en su fe a los ciudadanos. Lo cierto es que Fidel con esa inteligencia que tiene para salir airoso de las situaciones complicadas llegó a llamar al Sumo Pontífice "el ángel de los pobres" y hasta convocó a asistir masivamente a las misas del Santo Padre y a darle un cálido recibimiento "con la participación de todo el pueblo, católicos y no católicos, creyentes y no creyentes".

En su discurso Juan Pablo II haría sus primeras críticas al gobierno de Fidel, cuando manifiesta: "Que Cuba se abra al mundo con todas sus magníficas posibilidades, y que el mundo se abra a Cuba". El Papa se refería a las dificultades que había tenido que enfrentar la Iglesia católica cubana para ejercer su magisterio y pedía "mayores espacios" en la nación. El prelado se convierte de esta manera en la primera personalidad que logra congregar a miles de personas en la Plaza de la Revolución, ubicada en La Habana, con un mensaje de libertad ajeno a los intereses del Partido Comunista de Cuba y de su máximo líder. Aunque realmente su viaje no tuvo intenciones de desestabilizar o validar el sistema político insular. Dicho periplo, esperado como una gran confrontación entre los dos más hábiles políticos del siglo XX: Fidel y Karol Wojtyla se caracterizó por el tono moderado del Pontífice y la tolerancia del presidente cubano, que buscaban reforzar sus posiciones internacionales y consolidar sus imágenes y mensajes. Como señaló el escritor peruano Mario Vargas Llosa, en la revista *La ilustración liberal* (No.1, feb-marzo 99):

> A diferencia de lo que fueron sus claros pronunciamientos en contra del totalitarismo marxista cuando visitó los países del Este europeo en pleno auge de la Unión Soviética, el Pontífice mostró una notable discreción política respecto a la naturaleza del régimen cubano, limitándose, en sus presentaciones públicas, a vagas y abstractas alusiones a la libertad, que el educado Comandante en Jefe aprobó, aplaudiendo con simpatía ante las cámaras. Y, en cambio, fue de una claridad y contundencia rotundas al condenar el embargo de Estados Unidos a la isla y pedir que se levante, por el daño que causa a los cubanos de a pie.

La visita de cinco días a la isla, en enero de 1998, del papa Juan Pablo II (1920-2005) trascendió los marcos estrictamente religiosos. Fidel llegó a llamar al Sumo Pontífice "el ángel de los pobres" y convocó a asistir masivamente a las misas del Santo Padre y a darle un cálido recibimiento .

En la actualidad, y desde el 2003, Estados Unidos se ha convertido, en la praxis, en el principal abastecedor de alimentos y productos agrícolas de la isla, con ventas de hasta 10 millones de dólares anuales, a pesar de las restricciones impuestas a las transacciones entre ambas naciones por las autoridades en Washington y de que el recurso más valioso del argumento fidelista es el antiimperialismo, que está en la base misma de la subsistencia insular (las crisis y confrontaciones con el eterno rival). La llegada del nuevo gobierno de Barack Obama a la Casa Blanca ha dejado al viejo caudillo sin muchos argumentos para alimentar el diferendo.

EL PODER "HERMANA" HOMBRES

Con la llegada al Palacio de Miraflores, en Venezuela, de Hugo Chávez en 1999 se inicia un acercamiento entre Cuba y Caracas, que lleva a la firma, en octubre del año siguiente, de un Acuerdo Integral de Cooperación, por el que la isla recibiría miles de millones de dólares en subsidios petroleros (a razón de 90.000 y 130.000 barriles diarios) a cambio del servicio de unos 40 mil cubanos, sobre todo médicos, militares y maestros que trabajan, actualmente, en Venezuela. Comienza a partir de este momento a trenzarse otra dependencia energética, económica y política, esta vez de Venezuela que ha llevado, incluso, a ciertos sectores ortodoxos del gobierno cubano a lanzar la idea de una Confederación Socialista de Repúblicas de La Habana y Caracas y hasta de un país con dos presidentes (uno de ellos, Chávez).

Con la llegada de Hugo Chávez al poder en Venezuela en 1999 se inicia un acercamiento entre Cuba y ese país que lleva a la firma, en octubre del año siguiente, del Acuerdo Integral de Cooperación.

El 28 de junio de 2001, Fidel sufre un desmayo durante un acto público en La Habana, y se generan miles de especulaciones en torno a su salud y a la sucesión del poder. Posteriormente, en el 2004, una caída en plena tribuna, en un acto en Santa Clara, en el centro de la isla, le provoca una fractura de rodilla y una fisura en el húmero del brazo derecho. En ese momento, se desatan rumores relacionados con su estado neurológico y varias isquemias. Su última aparición en un acto público ocurre en la ciudad oriental de Bayamo, el 26 de julio de 2006, durante la conmemoración del 53 aniversario del asalto al cuartel Moncada. En esa comparecencia, afirma que no se mantendrá en el cargo hasta los 100 años, palabras que resultan paradójicas con "la vocación de eternidad" a la que acostumbró al pueblo cubano.

Cuatro días después, Fidel anuncia en una carta, publicada en todos los medios insulares, que traspasa transitoriamente los poderes a su hermano el general Raúl Castro, ministro de las Fuerzas Armadas Revolucionarias y segundo secretario del Comité Central del PCC, al tiempo que informa sobre el padecimiento de una grave dolencia intestinal, que lo obliga a una complicada cirugía de urgencia. Después, ha reconocido que estuvo al borde de la muerte tras sufrir una crisis intestinal muy aguda, que bajó casi 20 kilos en los primeros 34 días de su misteriosa enfermedad, que padeció varias intervenciones quirúrgicas y dependió durante meses de "venas tomadas y catéteres por los cuales recibía una parte importante de los alimentos", según ha confesado en sus reflexiones en medios gráficos cubanos. "Ningún peligro es mayor que los relacionados con la edad y una salud de la cual

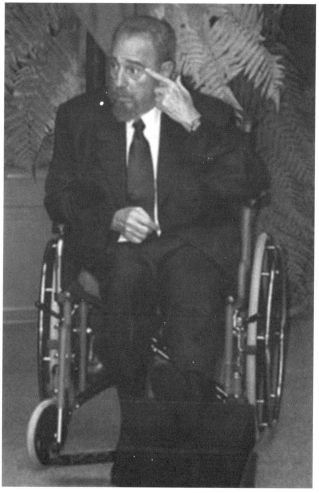

El presidente cubano, después de sufrir una caída,
en el 2004.

abusé en los tiempos azarosos que me tocó vivir", dijo en mayo de 2007. Aún hoy su estado de salud, secreto de Estado, "pues puede servir a los planes del imperio" (según sus palabras), sigue desatando todo tipo de conjeturas.

Desde entonces, erigido en su propio vocero médico, fue casi el único en dar escasos detalles de su condición, entre andanadas de rumores de gravedad y hasta de muerte. Y aunque su reclusión médica en un lugar desconocido y mucho más su historia clínica siga siendo *top secret*, lo cierto es que el octogenario caudillo aún no sale de la convalecencia y se le ve esporádicamente, en traje deportivo por fotos retocadas y videos cortos, en reuniones con gobernantes o en comentarios políticos, que publica en la web o en los medios nacionales, que no hacen más que demostrar que cada decisión que vaya a tomarse en Cuba sigue pasando por su aprobación. Todo apunta a legitimar el mito de la inmortalidad del que siempre ha querido rodearse.

La brasileña Claudia Furiati, una de sus biógrafas, ha sostenido que padece de "divertículos", una enfermedad intestinal que ya lo tuvo alejado de la escena política varios meses en los años 90. En tanto, el cirujano español José Luis García Sabrido, que lo examinó hace meses, descartó un cáncer y dijo que era "un proceso benigno con una serie de complicaciones". El gobernante venezolano, Hugo Chávez, uno de sus más cercanos amigos, ha confesado, recientemente que

> el Fidel aquel que recorría las calles y pueblos de madrugada (...) con su uniforme y abrazando a la gente, no volverá, quedará en el recuerdo. Fidel

Fidel, en plena convalescencia de su enfermedad intestinal,
visitado por su amigo Gabriel García Márquez.

va a vivir, como está vivo, y vivirá siempre, más
allá de la vida física"

Estas palabras parecerían más sacadas de
una nota necrológica que de la proclama a un
amigo.

En uno de sus artículos periodísticos, "como
soldado de las ideas", el líder dice:

Mi deber elemental no es aferrarme a cargos, ni
mucho menos obstruir el paso a personas más
jóvenes, sino aportar experiencias e ideas cuyo
modesto valor proviene de la época excepcional
que me tocó vivir.

Estas declaraciones constituyen toda una
humorada para quien por casi medio siglo
mantuvo concentrado todo el poder, defenestró a
todos los posibles candidatos sucesorios y ahora
entrega el cetro a su hermano como si se tratara

Fidel cedió su poder a su hermano Raúl Castro, ministro de las Fuerzas Armadas Revolucionarias y segundo secretario del Comité Central del PCC.

El convaleciente líder cubano recibe a la presidenta de
Chile, Michelle Bachelet, el 13 de febrero de 2009.

de un traspaso biológico. En otro comenta: "Tal vez se me escuche. Seré cuidadoso", como si su voz pudiera ser acallada.

La última gran batalla de Fidel y la posibilidad efectiva de una victoria estará en si logra conseguir en su lecho de enfermo (¿o de muerte?) consolidar un proceso de transición en Cuba de manera ordenada y fluida, pero todo bajo su tutela. Hasta ahora parece que lo va logrando, en tanto ya el 19 de febrero de 2008 decidió delegar definitivamente sus funciones a la presidencia del Consejo de Estado y a la jefatura máxima de las Fuerzas Armadas, a su hermano Raúl y a varios de los políticos más viejos y conservadores del partido único. Cinco días después, la Asamblea Nacional de Poder Popular convalidó la sucesión familiar, aunque Fidel se ha reservado continuar ejerciendo el cargo de primer secretario del Comité Central PCC, con el interés de preservar la continuidad del sistema y seguir teniendo poder de "veto moral" en los asuntos cotidianos.

EL UNO BAJO LA SOMBRA DEL OTRO

La salida del patriarca caribeño de la escena pública cubana significa ya de por sí un cambio a casi medio siglo de inmovilismo. Históricamente, la díada Fidel / Raúl ha funcionado debido a esa especial relación de complicidades, de alianzas tejidas con el paso de los años, a la complementariedad en la distribución de roles y la obediencia y codependencia del hermano menor hacía el mayor. Todo ello, de alguna manera, ha garantizado el *status quo* y el poder monolítico en las manos de Fidel. Hoy, con Raúl al mando, se está consolidando un gobierno de equipo, colegiado que implicará un cambio en la conducción, con reestructuraciones en la dirección, que ya estamos viendo, a donde llegarán cuadros afines para puestos claves, muchos provenientes de la gestión de empresas de las Fuerzas Armadas, espacio de donde procede el actual jefe. Raúl continuará interrumpiendo la línea sucesoria, creada por Fidel, y organizará la suya, dándole un mayor importancia al proceso de institucionalización del país con fusiones y reducciones de ministerios, para evitar las estructuras hipertrofiadas y paralelas, de las que gustaba su hermano. Ello explica que en los cambios más recientes quedaran fuera de puestos medulares integrantes del "Grupo de Coordinación y Apoyo del Comandante en Jefe", que constituyó la cantera de dirigentes jóvenes de la nación.

Raúl —que se ha pasado toda su vida tratando de que Fidel lo valore y distinga, a pesar de que se ha especulado, incluso, sobre sus reales lazos de consanguinidad por sus característica físicas tan divergentes— no posee el carisma ni gusta de la exposición mediática y los maratónicos discursos como su hermano, pues disfruta del bajo perfil cómodamente. El nuevo jefe —considerado reformista, pragmático y disconforme con el resultado del "sueño", sobre todo a nivel productivo y organizativo— quiere evitar la liquidación completa del llamado proceso revolucionario (que en la *praxis* no ha sido más que un capitalismo de Estado, con algunas ventajas sociales y escasas libertades públicas). Por ello es muy probable que restaure la vuelta definitiva al capitalismo de acumulación, pero de manera gradual y sin grandes polarizaciones sociales, a

Entre los cambios realizados por Raúl Castro estuvo
la destitución, reciente, del canciller Felipe Pérez Roque y
del vicepresidente del Consejo de Estado, Carlos Lage,
jóvenes cuadros del PCC en la isla.

pesar de que los viejos militantes han atado su
vida y trayectoria a la defensa del PCC. Pero a
las nuevas hornadas poco les importa el paso
definitivo, si tienen garantizado cambios apertu-
ristas, mejores niveles de vida, libertades indivi-
duales y la conservación de las conquistas sociales de esa criatura viva (¿o extinta desde hace
tiempo?) llamada Revolución. La desaparición
física de Fidel constituirá el punto de inflexión
de esas transformaciones. Sin él, el proyecto está
obligado a cambiar, a quitarse la fatiga y senec-
tud para sobrevivir. El dilema entonces será qué
transformar y hasta dónde… tarde o temprano
veremos grandes acontecimientos en Cuba, pero
ya sin la conducción de su histórico caudillo.

Bibliografía

Alberto, Eliseo. *Informe contra mí mismo.* Madrid: Alfaguara, 1997.

Blanco, Katiuska. *Todo el tiempo de los cedros*, Cuba: Editorial Abril, 2003.

Bell Lara, José: "La fase insurreccional de la Revolución Cubana", *Revista Punto Final*, Chile, (suplemento de la edición N.º 164), 15 agosto, 1972.

García Márquez, Gabriel. "El Fidel que yo conozco". Diario *Juventud Rebelde*. Cuba, agosto 5, 2006.
---. "Operación Carlota". *Revista Tricontinental*, Cuba, Edición 53, 1977.

Fernández, Alina. *Alina: memorias de la hija rebelde de Fidel Castro.* Barcelona: Círculo de Lectores, 1998.

Fornet, Ambrosio: "El quinquenio gris. Revisitando el término" (http://www.criterios.es/pdf/fornetquinqueniogris.pdf).

Fuentes, Norberto. *Dulces guerreros cubanos*. Barcelona: Seix Barral, 2001.

Latell, Brian. *Después de Fidel. La historia secreta del régimen de Castro y su sucesión*. Buenos Aires: Norma, 2008.

Matos, Huber. *Cómo llegó la noche*. Barcelona: Tusquets, 2002.

Padilla, Heberto. *La mala memoria*. Barcelona: Plaza & Janés, 1989.

Ramonet, Ignacio. *Cien horas con Fidel*. La Habana: Oficina de Publicaciones del Consejo de Estado, 2006.

Szulc, Tad. *Fidel: un retrato crítico*. Barcelona: Grijalbo-Mondadori, 1987.

OTROS TÍTULOS

BREVE HISTORIA de...
CARLOMAGNO
y EL SACRO IMPERIO ROMANO GERMÁNICO
Juan Carlos Rivera Quintana

Karolus
imparat

magnus
Annus I +

La desconocida historia de la Europa medieval y del emperador
que la hizo renacer del oscurantismo y sentó las bases
de la cultura de Occidente.

nowtilus
saber

Breve historia de Carlomagno y el Sacro Imperio Romano Germánico

Siglo VIII. Las brumas y el letargo amenazaban con cubrir toda Europa tras la caída de Roma. La cultura estaba relegada al oscurantismo de los monasterios, donde los monjes copiaban y guardaban los tesoros de épocas pasadas.

Desde Roma, los antiguos "dueños" del mundo veían a los habitantes del Este como seres oscuros, semisalvajes, tribus de bárbaros que comían carne cruda y eran incapaces de constituir una unidad política sólida y coherente. Entre los francos, una etnia más de los "germanos", surgió un joven con aspiraciones de líder, talento, bravura en la guerra y genio administrativo, por lo que fue llamado Carlomagno.

Un joven analfabeto que rescataría el valor del latín y el griego y la continuidad cultural de Occidente. Un monarca pagano que restauraría los valores humanísticos del pasado, sacaría la cultura de los monasterios, sería Emperador y constituiría un vasto dominio uniendo la tradición romana a la germánica y a la Iglesia Católica.

Esta es la apasionante historia de Carlomagno, el creador del Sacro Imperio Romano Germánico.

Autor: Juan Carlos Rivera Quintana
ISBN: 978-84-9763-549-3

BREVE HISTORIA de la...
GUERRA CIVIL
ESPAÑOLA
Íñigo Bolinaga

La aventura en el Dragon Rapide, el alzamiento en el Marruecos Español, Guernica, la batalla de Madrid, el Ebro... Las causas, los episodios, los personajes y los escenarios clave de la guerra que permitió a Franco dirigir el rumbo de España.

nowtilus
saber

BREVE HISTORIA DE LA
GUERRA CIVIL ESPAÑOLA

En febrero de 1936, el triunfo del Frente Popular
en las elecciones marcó el principio de una serie
de causas coyunturales (la gran desigualdad en el
reparto de la riqueza, la situación agrícola...) y
directas (el asesinato de Calvo Sotelo, los atentados políticos...) que llevaron a toda España hacia
una guerra civil sin precedentes, cuyo final fue la
definitiva victoria de Franco y el establecimiento
de su larga y controvertida dictadura fascista.

La aventura del Dragon Rapide, el alzamiento
en el Marruecos Español, Guernica, los hechos de
mayo de 1937 en Barcelona, la batalla de Madrid,
la batalla del Ebro, el decreto de unificación fran-
quista... Este libro se detiene en los elementos más
importantes para entender los procesos políticos y
militares de la Guerra Civil Española, poniendo el
acento en la comprensión del cómo y del por qué
ocurrieron.

Breve Historia de la Guerra Civil Española es
un libro imprescindible para todo aquel que quiera
tener un conocimiento global del conflicto español. Iñigo Bolinaga con su habitual estilo ameno y
didáctico ha conseguido reunir todos los elementos tanto económicos como políticos y militares
imprescindibles para el análisis y la comprensión
de la contienda que marcó la historia de España.

Autor: Iñigo Bolinaga
ISBN: 978-84-9763-579-0

BREVE HISTORIA de...

LOS AUSTRIAS

David Alonso García

La apasionante historia del Imperio español bajo
la dinastía de los Austrias. Desde su expansión mundial
hasta su declive con Carlos II.

nowtilus
saber

Breve historia de los Austrias

La evolución completa de la Monarquía Hispánica desde Carlos V a Carlos II. La historia de la Corte, la vida y la cultura durante la dinastía de los Habsburgo (los Austrias), que dominó un vasto imperio, el primero a nivel mundial.

En este libro, el autor, haciendo uso de su rigor como historiador pero utilizando un estilo sumamente ágil y entretenido, demuestra por qué los Austrias fueron los protagonistas de un tiempo sin el cual no es posible entender el presente. Así, por ejemplo, solo al revisar este periodo de la Historia es posible entender el nacimiento de Holanda y Bélgica o encontrar rezagos de su influencia en lugares tan distantes como Roma, Brujas, las cercanías de Florencia o hasta en Japón. En ese sentido, David Alonso García no solo se decanta por repasar la vida de Carlos V o Felipe IV, sino que se adentra en las propuestas de estudio más novedosas (muy consolidadas en el ámbito académico, pero que no han conseguido trascender al gran público). En consecuencia, la mejor virtud de esta obra es poder presentar al lector, con un discurso ameno, una moderna mirada a la Historia tomando en cuenta aquellas consideraciones solo conocidas por los expertos.

Autor: David Alonso García
ISBN: 978-84-9763-759-6

BREVE HISTORIA de la...
LA CARRERA
ESPACIAL

Alberto Martos

Del Sputnik al Apollo 11. La apasionante historia del increíble esfuerzo
tecnológico que supuso la llegada del hombre a la Luna y de cómo
la exploración espacial se transformó en una auténtica carrera secreta
de armamento entre Estados Unidos y la Unión Soviética.

nowtilus
saber

Breve historia de la
carrera espacial

Los entresijos de la carrera espacial. Un viaje en el tiempo para recordar cómo se llegó a pensar que más allá del cielo había un espacio por explorar.

Un análisis de las aportaciones de grandes científicos como Tsiolkovski, Oberth, Goddard, Einstein, y Hohmann que descubrió el camino más sencillo para viajar a otros planetas antes de que se inventase la nave espacial.

Descubre cómo la necesidad de conquistar el espacio se transformó en una carrera armamentística sin precedentes que dio lugar al inicio de una vibrante competición entre Rusia y Estados Unidos con el Sputnik como el pistoletazo de salida.

La Luna en breve se convirtió en el objetivo primordial. Y ninguno de los dos países dio la más mínima ventaja, recurriendo a todo tipo de estrategias (espionaje incluido) para llevar la delantera.

En esta Breve Historia, Alberto Martos, como ingeniero que ha trabajado en la Nasa por muchos años y como gran conocedor de los viajes espaciales, ha conseguido detallar de forma muy ágil, pero a la vez documentada, uno de los periodos más fascinantes de la Historia la humanidad en la que el hombre demostró que podía dejar su huella, para bien y para mal, fuera del planeta que le vio nacer.

Autor: Alberto Martos Rubio
ISBN: 978-84-9763-765-7

BREVE HISTORIA de...

HISPANIA

Jorge Pisa Sánchez

La fascinante historia de Hispania, desde Viriato hasta el esplendor
con los emperadores Trajano y Adriano. Los protagonistas, la cultura,
la religión y el desarrollo económico y social de una de las provincias
más ricas del Imperio romano.

nowtilus
saber

BREVE HISTORIA DE
HISPANIA

La llegada de Roma a la Península Ibérica cambió por completo este territorio. Las poblaciones indígenas vieron como pronto se estableció una administración nueva que trajo consigo toda una forma de vida diferente. No solo se introdujo el latín como lengua, sino que, además, se construyeron termas, templos, anfiteatros, acueductos, carreteras, puertos marítimos en las distintas ciudades populosas que empezaron a conformar uno de los territorios más ricos y preciados del Imperio. Deteniéndose con cuidado en los grandes protagonistas de esta historia, el autor presenta de forma amena el desarrollo político, económico y social que alcanzó Hispania en los dos primeros siglos de nuestra era gracias a la instauración de la Pax Romana en el Mediterráneo. Asimismo, también profundiza las causas que llevaron a la crisis y a la progresiva desaparición del poder romano en Hispania y en todo el occidente romano; situación que fue provocada y aprovechada al mismo tiempo por los pueblos germanos que se agolpaban en las fronteras del Imperio. En este libro, Jorge Pisa Sánchez, como experto en Historia Antigua y Antigüedad Tardía, logra combinar a la perfección rigurosidad y sencillez, consiguiendo con ello acercarnos de una forma muy ágil a la historia de Hispania.

Autor: Jorge Pisa Sánchez
ISBN: 978-84-9763-768-8